MADROLLE

DE SAIGON A TOURANE

LA ROUTE MANDARINE DU SUD-ANNAM

LES MONUMENTS CHAM

LE CIRCUIT DES MONTS PANDARANG

DALAT et le LANG-BIANG

CARTES ET PLANS

LIBRAIRIE HACHETTE

PARIS

79, Boulevard Saint-Germain

1926

Annam.

La Cote.

ANNAM

LES QUANG DU SUD
L'ANCIEN CHAMPA

Ce pays, longtemps connu des peuples voisins et des navigateurs comme étant le Champa (Cyampa, de Marco Polo XIII⁰ s.), apparaît encore dans les relations européennes du XVI⁰ s. sous l'appellation portugaise de *Cacciam* (pour Ke Cham « gens Cham ») A cette époque, cependant, une partie de la côte était occupée par les Annamites dont les nouvelles provinces avaient reçu le terme générique de Quang (1471). Plus tard, les Européens donnèrent à cette région le nom de Cochinchine (XVI-XVIII⁰ s.), enfin celui d'Annam (XIX⁰ s.).

1. Sài-gòn à Tourane.

Les Échelles de l'ancien Champa

par MER, en vue des côtes d'Annam.

540 milles. — Service de navigation assuré par la Compagnie des *Messageries Maritimes*, par la Compagnie des *Chargeurs Réunis* et par des vapeurs locaux. Escales principales : Cam-ranh, Qui-nho'n.

ROUTE par terre, voir Cochinchine R. 11, et Annam R. 17 et 9.

Sài-gòn. — Après avoir doublé le cap St-Jacques (feu à éclats d'une portée de 30 milles m.), le paquebot s'écarte peu à peu des côtes tout en les suivant à distance.

Le littoral, aux plages de sable, est constitué par des terrains antécarbonifères (schistes cristallins); ses principaux promontoires sont granitiques. De la côte presque rectiligne, se détache cependant le cap Ti-oan.

Après Thuân-bien, on quitte la Cochinchine et on pénètre dans les eaux de l'Annam.

La pointe *Ke-ga*, à 57 m. 1/2 du cap St-Jacques; phare à éclat blanc de 26 milles de portée, placé à 65 mèt. au-dessus de la haute mer. Télégraphe.

On entre dans une large baie ouverte à tous les vents. Phan-thiêt est au centre de la courbe; siège de la Résidence de Binh-thuân (v. R. 18). Tours cham de *Phô-hài*. Route sur Djirinh et Da-lat. Chemin de fer sur Sài-gòn. Au N. d'une vaste plaine, encore occupée par des Cham, la chaîne du Pandarang.

La marée est ici semi-diurne. La baie est bornée à l'E. par la pointe Mui-ne (Vinh-hai, feu de 8 milles de portée), petit morne bas, formé de dunes blanches et dernier contrefort du massif boisé du Ta-cù.

Dans le S.-E., *Pûlao-Cécir-de-mer*, près duquel surgit des eaux, vers le 8 mars 1923, une montagne basaltique, dont le cône d'activité projeta d'épaisses poussières jusqu'aux îles Pulo-Condor. Cette éruption provoqua, dès le 2 mars, d'importants mouvements sismiques sur la terre vis-à-vis. L' « Ile Nouvelle », éphémère, disparut quelques mois après.

A peu de distance, la baie de Phan-ri, limitée par les falaises de teinte rougeâtre et bordée de dunes blanches au S.

Phan-ri, port de pêche sur le Cu'a Man-ri où les jonques viennent s'abriter en rivière. Dernière résidence des princes cham du Pandarang (XVIIIe s.).

Pointe *La-gan*. Ile *Pulao Cécir*-de-terre, dans la baie de Cà-na.

Le cap *Padarang*, nom d'une ancienne principauté cham (Pandurangga). *Phare* à 4 éclats, blancs et rouges, d'une portée de 32 milles par temps clair, élevé à 186 mèt. d'alt. sur un édifice quadrangulaire. Les vapeurs faisant la route de Singapore à Hong-kong viennent reconnaître ce feu pour rectifier leur position.

Phan-rang, dans le Khanh-hoa, à 7 k. de la côte et de l'estuaire du Cu'a Man-rang. Siège du phu de Ninh-thuân. Diverses ruines cham dans la région, dont la tour de Pô Klaung-garai. Route et voie ferrée sur Da-lat (Lang-biang).

Le Faux cap Varélla (Mui Ba-vaich), — avec les îles Hòn Chut (phare, 12 milles) et Tanh — commande la baie de *Cam-ranh*.

En arrière de celle-ci, la rade de *Cam-linh*, où est installé le port de **Ba-ngòi**. Appontement pour l'accostage des vapeurs. Embranchement de chemin de fer sur *Nga-ba*. Ba-ngòi est le débouché de la région du Lang-biang (station d'altitude de *Da-lat*).

Vis-à-vis, l'établissement de *Cam-linh*, créé par MM. de Barthélemy et de Pourtalès (1901). Jetées, hangar, magasins, ateliers. Le siège résidentiel du Thuan-khanh y fut installé de 1886 à nov. 1887.

Les deux baies de **Cam-ranh** et de *Cam-linh*, bien abritées, sont séparées par la pointe du *Doigt*, venant de la côte S. Leur entrée est large et profonde d'un accès facile par tous les temps; le mouillage est sûr. L'amplitude des plus fortes marées est de 1 mèt. 30; les plus grosses houles n'atteignent pas 1 mèt.

Cette belle et pittoresque baie abrita la flotte russe de l'amiral Rodjestvenski, du 14 au 24 avril 1905, avant qu'elle se rendît à Port Dayot.

La chaleur et la sécheresse prédominent avec une température qui varie entre 20 et 26 degrés. Par contre, les nuits sont fraîches; la brise de mer s'élève vers 22 h. — La saison des pluies dure de mai à fin juillet.

Aux environs, on peut chasser le tigre, plus rarement l'éléphant.

Nha-trang, résidence de France pour le Khanh-hoa. Belle plage de sable. *Tour* cham de Pô Nagar, que des mouillages on distingue bien à la lorgnette.

En mer, la longue île Bai-miêu, ou *Hòn Tre* (phare à 3 éclats, d'une portée de 25 milles), protège les deux mouillages de ce centre : celui d'hiver, au S. de l'île, vis-à-vis *Binh-thanh* (route de 6 k. 5 pour Nha-trang); celui d'été, au N. (Chut), plus rapproché de la ville.

Au N., la longue presqu'île de Hòn Heo sépare la baie de *Binh-cang* de celle de *Binh-khoi*; feu et hâvre de *Hòn-Khoi*.

Cette dernière anse est dans un paysage grandiose et sévère, dominé dans l'O. par la chaîne du Kauthâra, avec ses sommets élevés de la *Mère et l'Enfant* (2.100 mèt. alt.), ramification orientale des monts du Pandarang. La baie de Binh-khoi est limitée au N.-E. par la presqu'île de Hòn Gom, dans laquelle est creusée la rade de Port Dayot.

Le hâvre remarquable de *Port Dayot* est fermé au S.-O. par l'île *Hòn Lon ;* il est entouré de défenses naturelles ayant en annexes des baies constituant des refuges excellents; cependant, avant l'établissement de la carte marine, la ceinture d'écueils a occasionné plusieurs naufrages.
Le rivage E. du port est sauvage; quelques grèves blanches alternent avec des entassements rocheux. Dans le N.-E., des dunes hautes sont couvertes de verdure. A peu de distance du rivage, il existe une eau excellente.

Le site fut reconnu et relevé à la fin du XVIIIe s. par le marin Dayot, puis, un siècle plus tard, le lieutenant de vaisseau Jacquemart étudia le parti stratégique qu'on pouvait en tirer.
C'est dans ces eaux que la division démodée de Négobatov put rejoindre le 9 mai 1905 la flotte russe de Rodjestvenski. Cette grande Armada, comprenant 4 fortes divisions, plusieurs navires de ravitaillement, quitta ces parages le 14 mai pour aller consommer sa ruine dans le voisinage de Tsu-shima (Japon).

La chaîne du Kauthâra se dresse majestueuse, hérissée de ses derniers sommets : le *Diadème* (1.600 mèt.) avec sa couronne d'aiguilles, le *Salaco* (1.230 mèt.) avec sa plate-forme circulaire. Après le piton du *Da-bia* (708 mèt.), au pied duquel passe la fameuse route mandarine, le massif granitique s'abaisse vers la mer et constitue le *cap Varella* (phare à 2 éclats d'une portée de 25 milles).
La côte du Phu-yên se creuse légèrement : estuaire du sông Da-rang; baie de *Xuân-dai* avec le site de *Song-câu* et le port de *Vung-lâm,* baie de *Cù-mông*. Au large, *Pulo Gambir* (phare à 4 éclats, d'une portée de 25 milles).
Sur la baie de *Thi-nai*, le port de Qui-nho'n (v. R. 10), résidence de France pour le Binh-dinh. Une lagune intérieure sert de hâvre de refuge à la flottille indigène, défendue à l'E. par les hauteurs de la presqu'île de Phu'o'ng-mai.
Les petits ports de *De-gi*, et de *Tam-quan*.
La pointe *Sa-hoi*, le mont *Linh* des navigateurs.

Sous les *T'ang* (VIIIe s.), « Mt Dominant », sous les *Ming* « Mt Merveilleux ou Hauteur de la divinité ». Il devait se trouver dans ces parages un lieu de culte vénéré, car les marins d'autrefois, cham et chinois, ne s'approchaient pas de cette pointe sans invoquer l'esprit du *Linh-so'n*; pour s'assurer une navigation heureuse, ils faisaient des offrandes à la « Hauteur de la Divinité » et, le soir venu, lançaient sur la mer des lumières flottantes.

Cô-luy, petit port desservant le siège de la province de Quang-ngai, situé à l'entrée de la lagune du song Trà-khúc,

En mer, *Cù-lao Rái* (Pulo Canton), proposé comme sanatorium marin (phare à un éclat). *Grotte* cham de Chùa Hang; *puits* cham profond de Gieng Tiên.

Baie de Dung-quât et le petit port de *So'n-trà*.

Baie de Ki-quit, d'où part la lagune Tru'o'ng-giang, parallèle à la côte, permettant aux sampans de se rendre par les bras fluviaux à Faifo et à Tourane.

Le groupe d'îles *Cù-lao Cham* (Pû-lao Cham « île des Cham »), à 12 k. de l'estuaire du sông Thu-bôn conduisant au port fluvial de *Faifo*.

L'île, de constitution volcanique, était au VIIIe s. un lieu d'exil pour les criminels du royaume de Champa. Les insulaires paraissent avoir conservé les traits caractéristiques des anciens Cham. Exploitation des nids comestibles de salanganes, recherchés par les gourmets chinois.

Le phare de la presqu'île de *Tiên-chà* (feu éclair à groupe de 2 éclats blancs, visible à 30 milles m.; poste sémaphorique; poste télégraphique) et celui de *Cù-lao An* (20 milles de portée) annoncent la *baie* de TOURANE. — Celle-ci est dominée au N.-O. par la chaîne de l'*Ai-van*, coupée par le « col des Nuages » et traversée par le tunnel du chemin de fer de Tourane à Hué.

Au S.-E., les hauteurs de la presqu'île de *Tiên-chà* (614 mèt.) à l'O., ou de *Trà-so'n* « Montagne du Thé » (693 mèt.) à l'E.

On rencontre dans cette presqu'île quelques sangliers, cerfs, bœufs et buffles sauvages, des serpents pythons et une espèce particulière de singes, le *douc;* c'est un semnopithèque Nigripe, animal doux, au pelage gris cendré, soyeux.

Dans le S.-O. du massif, le mouillage de l'îlot de l'*Observatoire*, à 4 k. de Tourane.

Tout proche, sur la presqu'île, le *cimetière* et l'ossuaire franco-espagnol, où furent inhumés en 1858-1859 les soldats et les marins de l'escadre de l'amiral Rigault de Genouilly.

2. Tourane.

Tourane est situé sur les sables, au S. de la baie du même nom et à l'O. de l'estuaire du sông Han. Port de commerce et ville de 14.000 h. (dont 314 Européens et 471 Chinois). Son débarcadère maritime est à l'*île* de l'*Observatoire*, sous la presqu'île de Tiên-chà, à 4 k. au N. Un port est projeté à Tourane même. Le terrain urbain est devenu concession française (non colonie) en 1888. Siège d'un Tribunal de 1 ʳᵉ instance, et d'une Chambre de commerce.

La rade a été de tout temps fréquentée par les bateaux de commerce, et d'anciens établissements commerciaux chinois, japonais et étrangers y ont été relevés. Ce port était connu comme marché de la cannelle. — Un fortin existait naguère autour de l'hôpital.

Le nom de Tourane est une prononciation approchée de *Cho'Han* « le marché du Han ». Le nom indigène est *Dà-nang*.

Historique. Par le traité du 28 novembre 1787, signé par l'envoyé du prince Nguyên (Gia-Iong) et le ministre de Louis XVI, « le roi de Cochinchine et son Conseil d'État céderont à perpétuité à S. M. T. C., ses héritiers et successeurs, le port et le territoire de Han-lan et la péninsule (baie de Tourane) et les îles adjacentes de Faifo au midi et de Hai-wen au nord ». Mais la Révolution ne permit pas d'occuper ces concessions.
La baie de Tourane étant le mouillage le plus voisin de Hué, c'est ici que les marins français vinrent jeter l'ancre chaque fois qu'un de leurs nationaux était molesté par les autorités annamites. Ainsi, successivement, le capitaine Laplace apparut avec la *Favorite* en 1831, le commandant Lévêque avec l'*Héroïne* en 1843, le contre-amiral Cécille en 1845, l'amiral Lapierre avec la *Gloire* et la *Capricieuse* en 1847; ils avaient ordre de faire des démonstrations pour faire cesser les persécutions entreprises par la cour de Hué et les martyres exercés contre les missionnaires catholiques, français et espagnols. Ces ambassades furent parfois mal écoutées et quelques-unes, comme celle de 1847, puis celle de Montigny en 1856, durent faire usage de leurs armes pour se défendre.
Le gouvernement de Napoléon III résolut d'agir plus vigoureusement et une flotte se rendit sur les côtes d'Annam. L'Espagne, ayant à venger des insultes faites à ses nationaux, se joignit à l'expédition.
Le 1ᵉʳ septembre 1858, les ouvrages, qui commandaient au S. l'entrée de la baie de Tourane, furent enlevés par moins de 2.000 hommes, dont un contingent hispano-philippin. Une garnison fut laissée dans la presqu'île de Tiên-chà, tandis que la flotte alliée se rendait en Cochinchine pour occuper Sàigon. Les Annamites fortifièrent alors quelques points de la chaîne du col des Nuages que l'amiral Rigault de Genouilly dut attaquer en septembre 1859. Enfin, les alliés évacuèrent Tourane le 23 mars 1860 pour renforcer leur établissement de Cochinchine.
Par le traité de Sài-gòn du 5 juin 1862, le port de Tourane fut ouvert au commerce français, puis par celui du 25 août 1883, ce privilège fut étendu aux étrangers. Tourane fut érigé en centre urbain et en concession française par ordonnance de Dông-khanh le 3 octobre 1888.

Au S. de la ville, le bosquet *Nai-hiên* aménagé en *Jardin public*.

Musée cham édifié en 1916, contient des sculptures brahmaniques de l'art cham, réunies en partie dès 1891-92 et provenant surtout de Trà-kiêu et de Khu'o'ng-mi; plusieurs sont mutilées.

Nous citerons quelques-unes de ces pièces d'après le « Catalogue » (1919) dressé par M. H. Parmentier.
Les diverses formes de l'art cham sont toutes représentées, à l'occasion même par quelques-uns de leurs chefs-d'œuvre. Nous citerons :
a) Le *grand degré* de Mi-so'n, 22 (4), un des meilleurs morceaux de l'art cham. — Les scènes semblent se rapporter à la vie religieuse et ascétique (Art primitif VII-VIII° s.).
b) Le *piédestal* de Trà-Kiêu, 22 (2), était destiné à supporter un *linga*;

frise de choreutes, scène de petits personnages, de remarquables lotus (Art primitif VII-VIIIe s.).

c) Les *bustes* de deux Çiva, de Trà-kiêu, 3 (1 et 2) (Art primitif).

d) La série des *statues* anciennes de Mi-so'n et de Dông-du'o'ng.

e) Le délicieux *buste féminin* de Hu'o'ng-quê, 11 (1), traits fins, bouche souriante, sourcils unis. Coiffure en haut chignon vertical. Gorge forte, d'un joli dessin; plis habituels en haut du ventre (VII-VIIIe s.).

f) Le *Vishnu* si fin de Da-nghi, 8 (1). Statue debout, à quatre bras, la main gauche antérieure sur la massue octogonale. La statue très fine de forme a le torse nu; les boutons des seins et le nombril y sont marqués. La tête joliment sculptée a les yeux étirés en longueur et un peu obliques (Art primitif, VII-VIIIe s.).

g) La belle *Lakshmî*, de Phú-nhuân.

h) Les beaux *motifs ornementaux* de Binh-dinh, 35 (10 et 11) cimaises, et de Hu'ng-thanh, 35 (13 et 14), fragments de piédestal.

En dehors du faubourg S. de Tourane, *Hoá-quê*, village annamite bâti à l'emplacement d'anciens édifices cham. Trois temples çivaïtes, élevés en 898, 908 et 907 A. D. abritaient : l'un, situé au centre, un Çrî-Mahârudra; le second, au N., une Bhagavati; le troisième, au S., un Cri-Mahâsivalingeçvara.

L'occupation annamite (XVe s.) a tout détruit, sauf une stèle et un Kumâra, représenté assis sur un paon et devenu la divinité protectrice du village; une inscription chinoise avertit les fidèles qu'ils sont en présence du génie de la planète Saturne !

Tourane est un centre d'excursions.

Les amateurs de beaux paysages, les chasseurs trouveront dans la province maints lieux intéressants ou giboyeux en remontant les vallées du sông Thu-bôn et de ses affluents, ou celle du sông Cu-dê. La saison la plus agréable pour ces expéditions est de février à avril. Il pleut surtout en septembre, octobre et novembre.

Se renseigner à la Résidence-Mairie et à l'Hôtel. On trouvera à Tourane des sampans, des autos, des pousse et des boys.

Les excursions aux sites archéologiques sont plus faciles; elles se font en automobile.

Les voyageurs venant du S., s'ils partent de Quang-ngai dès l'aube, pourront, en se dirigeant vers Tourane, visiter Khu'o'ng-mi, *Bông-miêu*, Chiên-dàng et *Dông-du'o'ng*.

MOYENS DE TRANSPORT

1º Service d'*autocar postal* pour les destinations du S.; — 2º *Chemin de fer* pour celles du N.

SITES TOURISTIQUES

ENVIRONS : 1º *Montagnes de marbre*, 8 k. 5, en chaloupe ou en sampan, grottes aménagées en sanctuaires bouddhistes (demi-journée); — 2º Les plantations, dont *Phú-thu'o'ng*; — 3º Presqu'île de *Tiên-chà*.

EXCURSIONS : 1. *Col des Nuages*, 31 k. par la route mandarine (voir le guide de l'INDOCHINE DU NORD). En auto, 1 h. 15. On peut cependant l'organiser par la voie ferrée, en descendant du train du matin à la station de Liên-chiêu, au pied de la montagne; là, avec le pousse et les coulis, qui auront également pris le train, on suivra la route jusqu'au *col* (2 h. 30), tout en admirant le splendide panorama sur la baie de Tourane et les montagnes. Se prémunir d'un déjeuner. Descendre l'après-midi sur Liên-chiêu, ou mieux par le versant N. de la montagne sur la station de Lang-co (2 h.). S'assurer des heures de passage des trains.

2° Tourane à *Hué*, capitale de l'Annam; les sépultures royales (3 à 4 jours), (v. le guide de l'INDOCHINE DU NORD).

3° La station d'altitude de *Bà-na* (1.467 mèt.) à 48 k.

4° *Faifo* (Phài-phô), 32 k., petit port fluvial, pagode, pont; — 5° *Trà-kiêu* 36 k., site d'une ancienne capitale du Champa du II⁰ s. à la mi-VIII⁰ s.; — 6° *Mi-so'n*, 54 k., ruine d'une cité sainte brahmanique du Cham-pa; — 7° Dông-du'o'ng, 53 k., site d'une résidence royale du IX⁰ s., ruines d'une grande pagode bouddhiste cham; — 8° *Du'c-phu*, 85 k., plantations; *Bông-miêu*, 95 k., mine d'or, route pittoresque; — 9° *Nong-so'n*, exploitation de houille anthraciteuse.

RUINES cham de la région.

La cité sainte de Mi-so'n, la citadelle de Trà-kiêu, la pagode de Dông-du'o'ng, le groupe d'édifices de Khu'o'ng-mi furent des sites prospères à l'époque des Cham. — *Mi-so'n* et *Dông-du'o'ng* laissent voir encore de belles ruines.

CHASSE : lièvre, agouti, chevreuil, daim, cerf, sanglier, bœuf sauvage, buffle, panthère, tigre, tourterelle, paon, ramier, grue.

3. Bà-na.

De Tourane (gué de Mi-khê) au pied du Mᵗ Bà-na, 28 k. par route automobilable. De ce point, on accède à la station par un bon chemin de montagne de 20 k. — Service automobile pendant la saison, depuis Tourane (et un autre depuis Hué). L'ascension se fait en chaise à porteurs.

Le Mont *Bà-na* des Européens est plus communément appelé par les Annamites *Núi Chúa* « le Mont Souverain », en raison de sa masse imposante et de son sommet (1.467 mèt.) dominant les massifs voisins.

C'est un soulèvement archéen, composé de granites, de schistes, de quartz, parfois couvert d'argiles rouges, et su lequel s'étend une forêt aux essences très variées.

La première ascension du Mᵗ Bà-na fut effectuée en avril 1901 par le cap· Debay qui étudia pendant un an les conditions climatologiques du site. Ce fut en 1919 qu'on commença à organiser la crête en vue d'un établissement de cure alpestre.

Tourane. On prend la route de Hué jusqu'au marché de *Hoa-mi* (7 k.), puis à g., le chemin du petit col de Dai-la (11 k.); on traverse *Phú-thu'o'ng* (17 k.), chrétienté, plantations de théiers.

18 k. 5, à g., la route du Mᵗ-Bà-na, automobilable jusqu'au 28 k., sur les pentes de la montagne (cote 200), où commence l'ascension, à pied ou mieux en chaise à porteurs.

Les premières ondulations de la plaine sont couvertes par l'herbe à paillotte (tranh), et par une sorte de fausse bruyère aromatique. Puis, le chemin s'engage en serpentant à travers les bois, les taillis touffus peu pénétrables, sous lesquels se cachent de belles fougères aux espèces nombreuses, des sélaginelles, des lianes, à travers les peuplements d'arbres à pain, et d'arbres à latex. Les creux, les bas-fonds de la forêt sont des cachettes favorables pour le tigre, le cerf, le sanglier. mais aujourd'hui cette faune semble s'être écartée de la route,

Sur les pentes, le gibbon lance son cri plaintif, le paon, le coq sauvage, se laissent parfois apercevoir.

Lorsqu'on atteint 600 mèt. d'altitude, on remarque dans la végétation des palmiers, des aréquiers, des rotins, des mousses, des fougères, des orchidées. Enfin, plus haut, vers 1.000 mèt., on circule dans la flore tempérée, les chênes, les pins au double feuillage, des faux santals, les camélias, les laurinées; ce sont aussi les peuplements de la station.

Bà-na, créé en 1919, étend ses habitations sur une longue crête bosselée à plus de 1.400 mèt. d'altitude. De ce site alpestre, sentinelle avancée de la Cordillère, on jouit d'un panorama d'une merveilleuse beauté. C'est une station d'altitude, fréquentée par les Européens du Centre-Annam. *Hôtel.*

De nombreux chemins ou sentiers, aménagés par le service des Forêts, parcourent la crête du *Núi-Chúa,* contournent les précipices, franchissent par des ponceaux les torrents ou les ravins, s'enfoncent dans les taillis ou à travers les hautes essences, et desservent les principaux points de vue. Ils invitent aux excursions, et on ne doit pas oublier que la promenade fait partie du traitement de la station.

L'un des charmes du site est son *panorama* grandiose. La vue est limitée très loin, au N., par l'imposante barrière de la chaîne du Col des Nuages (25 k.); à l'O. et au S.-O., par les hautes ramifications de la Cordillère; au S., par la Dent du Chat (35 k.), dont le pied paraît baigné par le sông Thu-bôn; à l'E., au soleil levant, par l'horizon marin et la ligne littorale.

« Le côté E. du cadre, en entier, s'ouvre sur tout un infini. Il donne le relief de la carte étendue des plaines du Quang-nam, dont les détails s'exagèrent au soleil déclinant. C'est immédiatement au pied, les masses diminuées des cirques du *Phú-thu'o'ng* (15 k.), les hameaux minuscules et le léger point de clarté que dresse l'église blanche; c'est le delta du Cu-dê et son estuaire réduit; la *baie* de Tourane décrit sa vaste courbe, cerclée de sables, jusqu'au massif du Tiên-chà découvert tout entier. On assiste par les mers reposées à la vie active de toute cette baie, manifestée par tout un essaim de barques venues des villages pêcheurs, de Hoà-ô, de Thanh-kê et d'autres encore plus près de Tourane. Elles piquent des points que la lumière du matin fixe en noir dans une clarté tellement confuse qu'on ne sait plus si ces points appartiennent à la mer ou s'ils passent en plein ciel.

« Le massif du *Tiên-chà* (35 k.), les îles *Culao Cham* (57 k.) plus lointaines, sont les gros détails immédiats du bord côtier. Plus près, c'est la vaste plaine des rizières et des sables où se traînent les lacets brillants des ruisseaux et des fleuves, où miroitent les eaux tranquilles des lacs et des étangs. Elle montre,

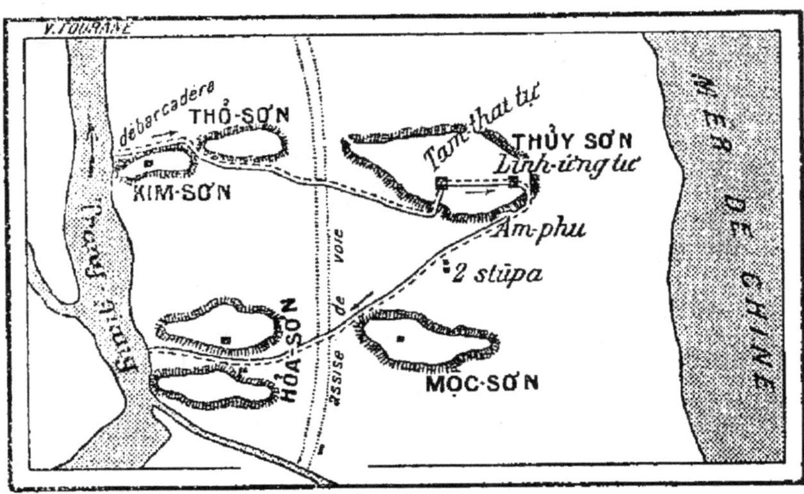

LES MONTAGNES DE MARBRE.

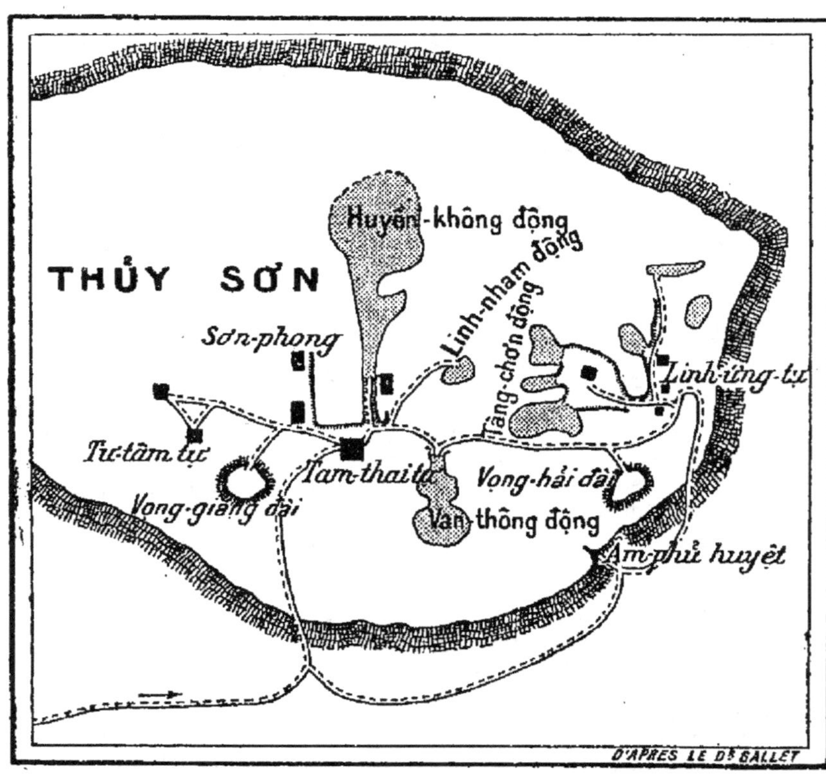

LES PAGODES DU THUI-SO'N.

diminuée à l'infini, toute la vie du bas : *Tourane* (27 k.) et son minuscule groupement construit, son port et sa rivière coupant étrangement la côte des dunes; les masses si réduites des villages, les îlots en damier des rizières dispersées; de tout petits bois, tandis que les *Montagnes de Marbre* (30 k.) piquent dans l'aridité d'une zone de désert leur apparence de menus rochers.

« La plaine immense prolonge la vue jusque vers un horizon sans limite, mais de plus en plus estompé et indistinct. Elle suit les deltas du S. du Quangnam, sur lesquels se précipitent les premiers vallonnements de l'O. sur ce qui doit être le Quang-ngai dont on atteint par la côte les falaises de Sa-huynh, et, sur la mer, le Rocher Nord et Pulau Canton (Cùlao Rai).

« La mer, plus généreuse encore dans les visions qu'elle procure, offre toute sa beauté merveilleusement variée dans son calme et dans ses mouvements, toujours agrémentée de tons éperdus.

« Il est impossible de rendre l'impression visuelle, plus encore l'impression totale éprouvée devant tout ce panorama contemplé. Il faudrait dire la tranquillité du lieu; l'air étrangement bon, agité de ce vent des sommets qui traîne les senteurs des innombrables espèces de la forêt; le bruit assourdi des choses lointaines; la manifestation de ce qui vit dans le sous-bois; le chant brisé des cigales. Tout un ensemble qui vient appuyer à son heure, rendant plus vive et plus émue la période des contemplations. Car la munificence de la vue est dan toutes les lumières et de tous les moments. « (Dr *A. Sallet*).

Climatologie. Les versants du *Núi Chúa* apparaissent souvent embrumés, nuageux, mais les pluies les plus persistantes se maintiennent à mi-hauteur entre 700 et 1.200 mèt., tandis que les nuages courent dans les dépressions voisines et se dispersent sans atteindre le sommet. Là, au contraire, le ciel de la station est fréquemment bleu, ou partiellement marqué par des nuages très élevés. Le degré hygrométrique moyen de l'été est 87,5 et la nébulosité de 6, 3.

A *Bà-na*, la température d'été oscille entre 15° et 26°, tandis qu'on enregistre parfois 36° à l'ombre dans la plaine. A cette époque, le vent chaud d'O., dit du Laos, pénible à Tourane, est très rafraîchi à la station. En résumé Bà-na a « un climat plutôt sec, d'une douceur constante; les journées y sont tièdes sans excès et les nuits d'une exquise fraîcheur. Ce climat sain, modéré, analogue à celui de la Méditerranée moyenne, convient admirablement à tous les organismes fatigués ou déprimés par les fortes chaleurs de l'été et en particulier aux femmes et aux enfants européens » (Dr *Gaide*).

Au S.-O. du Núi Chúa, dans la vallée, la *source* thermale de *Dông-nghe*.

4. Montagnes de Marbre.

De Tourane (station) au débarcadère des Montagnes de Marbre, par la rivière, 8 k. 5. Avec la marée montante, 1 h. 25 de navigation, plus 35 min. du débarcadère au Thui-so'n, enfin au moins 1 h. pour visiter les grottes. Emporter un repas froid. Remettre une offrande au supérieur du sanctuaire et remercier pour l'accueil hospitalier. Donner une gratification aux mariniers

2° Prendre la route de *Mi-khè* (2 k. 5), puis suivre la plage (7 k.) Louer un pousse-pousse et des coulis (3 h. de trajet).

Le site des *Montagnes de Marbre*, au S.-E. de Tourane, est un lieu de pèlerinage; il a reçu le nom officiel de *Ngu'-hành-so'n* « Montagnes des Cinq éléments (rituels) ».

Ces hauteurs, situées en pleine zone côtière de sable sont des lambeaux calcaires d'âge primaire de marbre blanc, teintés parfois de gris et de rose. Elles portent les noms de *Kim-so'n* « Mont de l'Or » (le Métal par excellence), de *Môc-so'n* « Mont du Bois », de *Thui-so'n* « Mont de l'Eau », de *Hoa-so'n* « Montagne du Feu », de *Thô-so'n* « Mont de la Terre ». Ces roches, de formes variées, possèdent une stratification des plus irrégulières.

Le récif calcaire le plus visité est le *Thui-so'n*. Il renferme des grottes aménagées en pagodes bouddhiques, après avoir été au temps des Cham des sanctuaires brahmaniques.

On débarque du sôug Tru'o'ng (Tràng-giang) au pied du Kim-so'n. Un chemin dallé dans la plaine de sable mène de la rivière à l'escalier des grottes. On longe à dr. le Kim-so'n, puis on laisse à g. le Thô-so'n.

THUI-SO'N

La face S. du Thui-so'n est desservie par deux grands escaliers. Le 1er, envahi par les sables, conduit au *Tam-thai Tu'*. On abordera de préférence la montagne par le second escalier, situé vers l'E., en passant devant l'*Am-phu Huyet* « le Gouffre de l'Enfer ».

Le commandant Laplace, venu sur la *Favorite* en 1831 dans la baie de Tou, rane, visita ce site. Il y fut conduit par le sous-préfet du district qui paya cette politesse de cinquante coups de bambou et de la destitution. — Le roi Minh-mang fut reçu au Thui-so'n en 1836 et en 1837.

Du haut de ce second escalier, de 105 marches avec deux paliers, la vue s'étend sur le groupe d'îles *Cùlao Cham*.

Un portique, le *U'ng-cho'n* « du Mystérieux secours », précède la salle *Linh-u'ng* « du Secours spirituel », ainsi dénommée par une tablette de Thành-thái de 1891.

Ce sanctuaire, quoique bouddhique, est présidé par une grande statue en bronze du *Thu'o'ng-dê* « l'Empereur d'En-haut » dont le titre taoïque est *Ngoc-hoàng* « Souverain de Jade ».

En Annam et en Chine, tout culte pour être reconnu officiellement doit se placer sous la haute protection du « Maître du ciel » dont le souverain terrestre est l'incarnation. Tous les sanctuaires bouddhiques, de l'église du Maha-yana, possèdent ainsi des représentations du culte animiste et sidéral.

Sur l'autel, la statue de *Thich-ca* (Çakya-muni), au centre, flanquée de *Di-lac* (Maitreya) à dr., et de *Di-dà* (Amitâbha), à g., puis de *Phô-hiên* (Samantabhadra) et de *Van-thù* (Manjuçri). Sur les côtés, les représentations des 18 *La-hán* (Arhat), ou saints du Bouddhisme.

Sur la dr., l'habitation des religieux bouddhistes.

En arrière, la grotte *Tang-cho'n* « du Sincère recueillement » avec trois excavations. Dans l'une, remarquer deux blocs de pierres sculptées, d'origine cham, laissant entre eux un étroit passage; parmi les dessins, deux *dvârapâla* (gardiens de temple).

En dehors de ce groupe E., la terrasse de *Vong-hai dài* « Belvédère pour contempler la mer ».

Vers l'O., d'une part, la grotte de *Van-thông*, et de l'autre, celle de *Linh-nam*.

Puis, s'ouvre sur la droite le couloir de la grande salle *Huyên-Không*, des « Régions Supérieures », éclairée par une brèche de sa haute voûte. Cette grotte est réservée au culte officiel, celui de *Thu'o'ng-dê* « l'Empereur d'En-haut » de l'Auguste ciel.

Le *Tam-thai tu'*, consacré à *Di-lac*, le successeur éventuel de Çakya-muni, et aux divinités du culte bouddhiste : les 18 Arhat; quelques statues du panthéon taoïste. Minh-mang fit restaurer ce sanctuaire en 1826 et le dota d'un panneau transversal en bois laqué.

Au delà, sur la g., la terrasse de *Vong-giang dài* « Belvédère pour contempler le fleuve » et son delta. Sur la dr. le *So'n-phòng*, la demeure des moines.

Par des chemins à travers les roches, on arrive au stûpa *Phô-dông*, et au petit sanctuaire *Tu'-tâm tu'* « la pagode du Cœur miséricordieux » dédiée à Dia-tang, présidant au jugement des âmes.

On regagne la pagode *Tam-thai*, et on descend par l'escalier O., ensablé, pour regagner le fleuve.

On peut aller s'embarquer au *Hoa-so'n*, en passant entre les deux récifs de cette hauteur.

5. Tourane à Faifo (Phai-phô).

32 k. (auto, 1 h.; pousse, 3 h. 30).

Tourane. — Siège du huyên de Hoà-vang créé en 1602.

5 k. 7, la Route col. n° 1, appelée communément autrefois « Route mandarine ».

7 k. 5, le pont de Câm-lê. Dans l'E., à 6 k., les Montagnes de Marbre.

11 k., *Miêu-bông*, marché.

13 k., *Quá-giang*. Les restes d'une tour cham y furent maintenus jusqu'en 1916. Tram de Nam-giang. A dr., le chemin de Phu-so'n (6 k.).

16 k., *Bo-mu'ng*. Au N.-E., vestige d'un petit sanctuaire cham, édifié en 889 sous Indra-varman.

18 k., pont de Thành-quinh.

21 k. 5, pont de Cho' Vinh-diên, en ciment armé, long de 110 mèt.

Avant la rivière, la ROUTE de *An-diem*, par *Dông-lam* (23 k. 5, O.), siège du huyên de Dai-lôc.

Au k. 2., en bordure de la route, le temple cham de *Bang-an*, en briques, orienté à l'E. La tour principale est octogonale. Son li*n*ga, consacré par le roi Bhadra-varman du X⁰ s., est sans cuve à ablutions; les Annamites l'honorent sous un nom de divinité féminine! Le sanctuaire était flanqué de deux édicules, S.-O. et N.-E.; ce dernier a disparu vers 1917.

22 k., la route de Faifo tourne à g. et aborde la citadelle de Quang-nam par le N.-E.

Cette cité, fortifiée sous Minh-mang, vers 1821, est le siège des autorités provinciales annamites.

Historique. Soumis à l'empire chinois, fut constitué sous les *Ts'in* (vers 214 av. J.-C.) en préfecture de *Lin-yi* (Lâm-âp, *a*) du *kiun* de *Siang* « la commanderie des Éléphants », puis sous les *Han* (en 111 av. .J-C.) en *hien* de *Siang-lin* (Tu'o'ng-lâm, *a*) du *kiun* de *Je-nan.* Le siège était à Trà-kiêu, au lieu dit *Tientch'ong* (Diên-sung, *a*).
Territoire du Champa indépendant en l'an 192 A. D., devint la province d'Amarâvatî. La capitale du pays cham s'y maintint jusqu'en 989.
En 1469, l'Annam occupa la baie de Tourane et créa le huyên de Diên-bàn, dont la limite méridionale fut le cours du sông Thu-bôn. En 1471, à la chute du royaume de Champa, le pays au S. du fleuve forma le phu de Thang-hoa (avec 3 huyên) dépendant de la nouvelle commanderie de Quang-nam.
Le Quang-nam constitua un thù'a-tuyên et comprit 3 phu, Thang-hoa (S. Quang-nam), Tu'-nghia (Quang-ngai) et Hoài-nho'n (Binh-dinh) avec chacun 3 huyên.
En 1602, sous les princes Nguyên, la province de Quang-nam devint un doanh et sa limite septentrionale fut reportée au col des Nuages par l'incorporation du huyên de Diên-bàn qui fut élevé au rang de phu.
Le bassin du sông Thu-bon comprit alors 2 phu, Diên-bàn (3 hûyen, Hoàvinh, Diên-phúc, Dui-xuyên), et Thang-hoa (2 huyên, Lê-du'o'ng, Hà-dông).
En 1803, le royaume d'Annam rénové groupa ces deux préfectures pour en faire le doanh de Quang-nam, changé en trân en 1808, en tinh en 1831.
La province de Quang-nam est aujourd'hui divisée en 7 arrondissements.

La route prend une direction E., et atteint Faifo par le N. de ce centre.

32 k., Faifo, dont l'orthographe vraie est *Phai-phô.* Siège de la Résidence de France de la province de Quang-nam. Port, situé sur la rive N. du fleuve, à 8 k. de l'estuaire, fréquenté par de nombreuses barques annamites et par des jonques chinoises de haute mer.

Principal centre commercial de la province avec un important groupement chinois exportateur; 8.000 hab., dont 250 Chinois. Exportation de soie grège, de cannelle, de sucre, de thé, de nids d'hirondelles.

Petite pagode à cheval sur la rivière, accolée au *pont* dit « japonais », d'une seule arche et couvert. Ces deux constructions peuvent avoir une origine cham.

Écran de la pagode des *Bà Mu,* ou de « la Maternité ». *Chùa Bà-loi,* où un ancien lion cham a été transformé en déesse.

Temples des diverses congrégations chinoises : *Hai-nam;*

Triêu-châu (Hok-lo des environs de S'oua-t'eau); *Phu'o'c-kien* (Hok-lo d'E-moui), placé sous l'invocation de Ma-kou, génie féminin des côtes orientales de Chine.

A 21 k. en mer, la grande *Cù-lao Cham.*

Phâi-phô est l'ex-*Dai-Chiêm hai-khân* « Port de mer du Grand Champa » du pays d'Amarâvatî, arrosé par les eaux du sông Thu-bôn. Ce fleuve était connu au Vᵉ s. sous le nom chinois de *Houai;* on retrouve cet homophone dans *Hoài-phô* « marché fluvial du Hoai », autre nom annamite de Phai-phô.

Le commerce de ce port paraît avoir été toujours entre les mains des Chinois du Sud; du reste, la province fut possession chinoise bien avant notre ère. Ce centre dut connaître une période particulièrement brillante à l'époque du Champa, lorsque ses souverains eurent dans la région leurs premières capitales (IIᵉ au Xᵉ s.). Alors, les jonques chinoises et japonaises y croisaient des jonques de l'Insulinde. Les bâteaux cham fréquentaient parfois les ports de Chine et, à chaque nouveau règne, ils y déposaient les ambassades et les objets de tribut pour l'Empereur. Parmi les présents les plus prisés, on cite les « tissus de soie du Champa », alors très réputés dans tout l'Extrême-Orient.

Pillé lors des diverses invasions chinoises et annamites, le port cham fut réuni au royaume d'Annam en 1471.

Les Européens, venus pour commercer dans les mers de chine, y eurent à diverses époques des comptoirs. Les Hollandais, les Portugais, les Anglais, les Français y installèrent des établissements.

En 1695, l'Anglais Thomas *Bowyear* y établit un comptoir : « Ce Faifo est situé à trois lieues environ de la barre. C'est une rue, le long de la rivière, avec deux rangées de maisons, au nombre de cent ou à peu près, habitées par des Chinois, à l'exception de quatre ou cinq familles de Japonais. Ceux-ci, jadis, étaient les principaux habitants, et ils étaient les maîtres du trafic du port. Mais, ayant diminué en nombre et s'étant appauvris, le commerce se trouve aujourd'hui drainé par les Chinois, avec dix ou douze jonques au moins venant chaque année du Japon, de Canton, du Siam, du Cambodge, de Manille, et récemment, de Batavia. »

Bowyear nous dit aussi le rôle des mandarins chargés des relations avec les navires marchands étrangers.

« A l'arrivée d'un navire européen, ils se rendaient en hâte à Faifo et s'abouchaient avec le négociant, se rendant compte minutieusement de sa qualité; ils faisaient sortir les marchandises du navire, les faisaient porter à la douane, les faisaient déballer, les inventoriaient, en dressaient une liste, les estimaient, mettaient de côté ce qui pouvait convenir au roi, laissaient vendre le reste, percevaient les droits de douane qu'ils avaient fixés et les diverses redevances de pesage et de mesurage, s'entremettaient pour faire obtenir du roi la licence nécessaire pour la vente, n'oubliant jamais un honnête marchandage pour tous ces services, et « barbotant » même quelquefois dans les marchandises ce qui pouvait leur convenir. » (*L. Cadière.*)

Selon le Français *Poivre* : « on trouve en arrivant à Faifo des factoreries à louer autant que l'on veut. Les plus grandes coûtant ordinairement 100 piastres pour le temps de la mousson. »

A 6 k. dans l'E., la plage de *Lang Cau*, proche de l'estuaire (30 min. en pousse). En mer, les îles *Cù-lao Cham.*

6. Tra-kiêu. Mi-so'n. Nong-so'n.

De Tourane, suivre la R. Col., par Cam-le, Quang-nam, Cho' Cui et le passage du fleuve (bac, traversée 20 min.).

A 29 k. de Tourane (vers la borne 128), prendre à droite la route de *Ma-châu* (33 k.), siège du huyên de *Dui-xuyên*, créé en 1471 sous le nom de Hi-giang et en 1602 sous la dénomination actuelle. Passage du sông Ba-rèn.

TRA-KIÊU

36 k. 5, *Trà-kiêu*, à 1 k. S.-O. d'un coude du fleuve Ba-rèn, est la plus ancienne résidence gouvernementale de la région. Ce site fut organisé avant notre ère par les Chinois, puis devint la capitale des premiers souverains du Champa, *Simhapura* des inscriptions.

Anciens remparts de terre, dont le développement rectangulaire était de 3 k. env. Colline de *Bu'u-chau*, terminée par une plate-forme et entourée de tertres.

Des escaliers et des terrasses conduisaient au sommet de la colline. Ils étaient garnis d'animaux de pierre, de lions dressés, d'éléphants.

Église, édifiée avec des débris cham (quelques sculptures et frises dans le jardin de la Mission). La chrétienté soutint en 1885, un siège victorieux contre les rebelles.

De très belles et anciennes sculptures (art primitif) sur pierre ont été retirées des ruines. Plusieurs sont exposées au musée de Tourane.

HISTORIQUE. Ce site fut l'ancien siège de la préfecture chinoise de *Lin-yi* (Lâm-âp, a) des *Ts'in* (IIIᵉ s. av. notre ère), puis celui de l'arrondissement de *Siang-lin* (Tu'o'ng-làm, a) créé sous les *Han* en l'an III av. J.-C.

Par des ouvrages chinois, dont le *Chouei-king-tchou* de 527 A. D., traduit par M. L. Aurousseau, on peut reconstituer une partie de l'histoire de Trà-kiêu.

En avril-mai de l'année 100 A. D., plus de deux mille « barbares » se livrèrent au pillage et au massacre des habitants de la ville, et incendièrent les résidences officielles. Les Chinois durent charger les autres arrondissements du *Je-nan* d'envoyer des troupes pour enrayer la révolte. Le chef des rebelles fut décapité et ses partisans se soumirent. C'est alors que fut créé à *Siang-lin* un poste spécial d'officier supérieur commandant les troupes pour prévenir le retour de pareils événements.

En l'an 137, on rappela encore que les « barbares » habitaient aux frontières de *Siang-lin*.

En 192 A. D., le *kong-ts'ao* de l'arrondissement s'appelait *K'iu*. Il avait un fils nommé *Lien* (ou *K'ouei*) qui attaqua la ville administrative, tua le préfet et se proclama roi.

C'est ainsi que les troubles de cette époque eurent pour conséquence de séparer le *Lin-yi* de l'Empire chinois et de favoriser la fondation d'un royaume cham. Par la suite, au cours des générations, le pouvoir s'y transmit héréditairement.

L'ancienne cité administrative chinoise devint la résidence royale du nouvel État, mais en raison de sa proximité des côtes elle eut à subir toutes les horreurs de la guerre aux époques de déclin du Cham-pa.

En 351, *Kouan Souei*, général des *Tsin*, ayant battu *Fan Fo*, roi du *Lin-yi*, mit le royaume au pillage et s'avança jusqu'à la capitale. Le 5 de la 5ᵉ lune, il y dressa un gnomon dont l'ombre marquait 9 pouces un dixième.

En 446, les troupes chinoises de *T'an Ho-tche*, après la prise de *K'iu-sou*

(Hué), livrèrent un combat aux Cham près d'un temple brahmanique situé sur la côte de la baie de *P'eng-long* (Banh-long, *a*), puis remontèrent l'estuaire jusqu'à la capitale du *Lin-yi*, établie à *Tien-tch'ong* (Diên-sung, *a*), à 40 *li* de distance du bord de la mer. Les Chinois victorieux pénétrèrent dans la ville royale (Champa-pura). Le butin fut riche; les soldats y trouvèrent une si grande quantité d'objets extraordinaire et rares qu'on ne les appelait plus précieux. Tout le pays fut occupé, les temples mis à sac et les statues fondues et transformées en lingots : on en tira cent mille livres d'or pur.

« La rivière *Siao-yuan Houai* tourne au S. en un cours sinueux et revient v s l'E. se joindre au *Ta-yuan Houai* pour arroser *Tien-tch'ong* (Diên-sung, *a*). Cette ville s'appuie au S.-O. à des hauteurs et donne au N.-E. sur un cours d'eau. Les eaux de fossés parallèles coulent en un bras de rivière qui entoure le pied des murailles et qui, au-delà des fossés S.-E., continue à longer de près les remparts; le bras de rivière est long dans la direction E.-O. et étroit dans l'étendue N.-S.; du côté N., à l'extrémité occidentale, il tourne, s'infléchit et par une courbe pénètre dans la ville.

L'enceinte murée a 8 *li* et 120 *pou* de tour (3 k.);sur une muraille de briques de 2 *tchang* de hauteur s'élève un second mur de briques haut d'un *tchang*; quatre portes s'ouvrent dans les murailles de la ville. Celle de l'E. est la principale et donne sur les rives des deux îlots de la rivière *Houai*. Au détour d'un chemin se trouve une stèle ancienne (V° s.; rocher Hòn Cuc) en écriture barbare (cham) qui célèbre les vertus d'un roi précédent, *Fan Hou-ta* (Çri Bhadravarman I, 380 à 413). La porte de l'O. donne sur un double fossé qui tourne au N. et s'incurve à une colline à l'O. de laquelle coule la rivière *Houai*. Par la porte S., on franchit le double fossé et on se trouve en face du retranchement de *Wen-kong*. La porte du N. est sur la rive de la *Houai* (cours déplacé depuis), mais la route est coupée et on ne passe pas.

A l'intérieur de la grande enceinte, il y a une petite enceinte de 320 *pou* de tour. Des salles de réunion, des palais en briques dont les murs n'ont pas d'ouverture au S. (Pour les Chinois, le pôle saint est le S.; pour les Cham, c'était l'E.). Les deux extrémités de la crête du toit dans les bâtiments apparaissent au S. et au N.; au S., la partie opposée correspondante s'appelle *Si-k'iu*. A l'intérieur de la ville, il y a des collines caillouteuses; en suivant le sens du courant de la rivière *Houai*, on fait face au soleil (levant).

S'ouvrant vers l'E., se trouve un palais dont les pièces volantes qui soutiennent les chevrons ont l'aspect de queues de hiboux (garuda?); les portes sont sculptées à jour et peintes en bleu, les allées enduites de vernis rouge, les chevrons ornés de jade; il y a d'autres chevrons, quadrangulaires ou ronds et tous sont taillés d'après des modèles antiques.

Sur les pavillons et les palais, des colonnes s'élèvent à une hauteur de 15 pieds au-dessus des remparts. Il y a en tout 8 lieux de culte, d'importances diverses, salles d'offrandes aux esprits ou « tours de démons »; les terrasses à étages et les belvédères superposés ont un aspect pareil à celui des monuments bouddhiques. »

En 605, le général des *Souei*, *Lieou Fang* (Lu'u-phuong, *a*), ayant battu l'armée cham, pénétra dans la capitale du roi Çambhu-varman et la mit à sac. L'ennemi prit les tablettes en or des 18 rois qui avaient précédemment régné sur le Champa. Il trouva 1350 ouvrages bouddhiques, réunis en 564 liasses et écrits en cham, qui furent inventoriés par le moine bouddhiste chinois *Yen-ts'ong* (557 à 610). *Lieou Fang* fit prisonnier tout ce qui restait d'habitants parmi lesquels des artistes du *Fou-nan* (Cambodge) avec leurs instruments. Une inscription y célébra la victoire des armées chinoises.

Le site cessa d'être la capitale du Champa à la chute de la IV° dynastie, vers 757.

ENVIRONS. A 1 k. 6 au S. de Trà-kiêu, la tour cham ruinée de *Hu'o'ng-bi* près de *Chiem-so'n*, enfermée dans une enceinte de briques, est du même art que les monuments de Dông-du'o'ng.

La route remonte la vallée.

40 k., sur le bord méridional du fleuve, une hauteur rocheuse, *Hòn Cuc*, que surmontait autrefois un templion.

Sur la roche, une *inscription* de Bhadra-varman, de la fin du IVe s. A. D. a des lettres profondément gravées de 11 centimètres de haut. Le texte est une invocation à Çiva :

« Hommage à l'auguste Mahâdeva Bhadreçvarasvâmin, la tête inclinée«! «

Une seconde *inscription* de la même époque, également rupestre, est gravée presque à fleur d'eau, à 350 mèt. de la précédente. Elle spécifie que « le grand fleuve » est la limite N. du domaine du grand temple de Mi-so'n.

Un peu plus loin, on quitte le fleuve pour s'enfoncer dans l'intérieur.

MI-SO'N. La Vallée des Rois.

54 k. Le cirque de Mi-so'n est la *Vallée des Rois* du Champa primitif, le « domaine de Bhadreçvara » créé vers la fin du IVe s.

Cette cité sainte fut reconnue par le P. Bruyère, qui y conduisit un détachement français en 1885-86. M. Pâris fit exécuter en 1895 le premier débroussaillement, par la main et par le feu, pour la visite (juillet) du Résident Supérieur (M. Brière). C'est à cette époque que l'auteur de ce guide se rendit à Mi-so'n. M. Finot et M. L. de Lajonquière explorèrent le groupe archéologique, en décembre 1899, et découvrirent les anciennes inscriptions qui ont permis de constituer une chronologie des souverains cham. M. Parmentier a fait une excellente étude des sanctuaires (in BEFEO, 1904) à laquelle on voudra bien se reporter pour visiter en détail chacun des édifices.

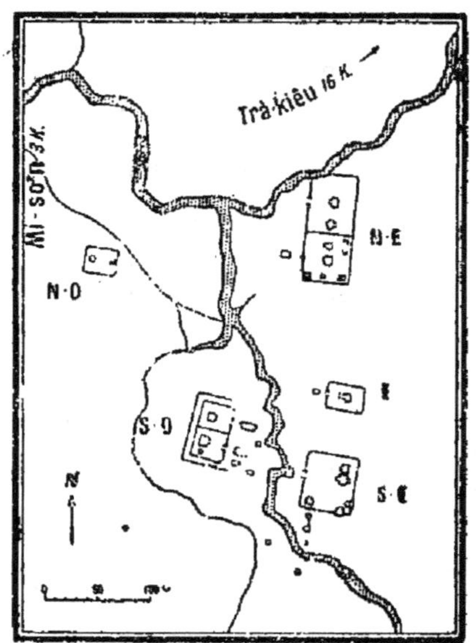

LES TEMPLES DE MI-SO'N.

Dans cette « Vallée des Rois », traversée du S. au N. par un ruisseau, les souverains cham élevèrent leurs temples rituels sous l'invocation des dieux du brahmanisme.

La plupart des dynasties de Trà-kiêu (dont la IVe), celle de Panduranga, plusieurs de Vijaya embellirent le site d'édifices cultuels, de stèles rappelant leurs fondations religieuses, leurs dons en nature ou en métaux précieux.

On a reconnu les traces de 68 constructions ou temples, élevés en briques, et 25 d'entre eux ont résisté au temps, aux pillages des armées chinoises, cambodgiennes et annamites. Plus tard, la jungle triomphante tint enveloppée et cachée pendant des siècles la cité sainte du Champa et la préserva d'une ruine totale.

On distingue dans le cirque cinq groupes principaux d'édi-

fices : deux sur la rive gauche (NORD-OUEST et SUD-OUEST)
et trois sur l'autre partie (NORD-EST, EST et SUD-EST).

C'est le groupe *Sud-Est*, le plus en amont, qui est le plus
ancien. Là, s'élève le grand sanctuaire de *Bhadreçvara*, entouré de bâtiments affectés au service du temple, l'un des
plus vénérables édifices que la civilisation hindoue ait laissé
dans la péninsule indochinoise et dans l'Insulinde. (Cf. BE-
FEO, 1904 : Étude des sanctuaires de Mi-so'n par M. Parmentier. Notes épigraphiques de M. Finot.)

Nous visiterons rapidement ces groupes dans l'ordre de leur présentation.

Groupe NORD-OUEST. Celui-ci est composé d'un *sanctuaire*,
orienté à l'E.. précédé d'une salle et entouré d'une enceinte;
deux tympans renferment un Çiva. L'édifice est un des derniers construits (XIIIe s.).

Le *groupe* SUD-OUEST est formé de deux sanctuaires
orientés à l'E., accolés par leurs murs d'enceinte et précédés
de salles et de bâtiments isolés. Il date des VIe et VIIe siècles;
les fouilles ont amené la découverte de stèles et de piédroits
inscrits.

Dans le *sanctuaire* le plus « septentrional », à signaler un
tympan au centre duquel Çiva, à dix bras, danse sur une sorte
de dé devant lequel est agenouillé un Nandin.

Près de la rivière, une tour avec un perron face à l'O.

Le *sanctuaire* « méridional » est précédé d'une *salle* où se
remarquent quelques sculptures : des choreutes agitent des
sabres, des boucliers ou ont les mains jointes; des divinités
occupent l'entraxe des fenêtres, trois sont assises à l'indienne,
la quatrième, sur la face S., a les mains jointes et est assise
sur un Nandin.

On traverse une tour à deux portes dont les piédroits
étaient couverts d'inscriptions aujourd'hui buchées.

Le *sanctuaire*, précédé d'un perron, a des proportions assez
importantes et ses assises sont en pierres. A l'entrée, deux
piliers octogonaux portent des inscriptions des XIe, XIIe
et XIIIe siècles, nommant ce temple Çrîçânabhadreçvara;
l'ancien nom était Çrîçâneçvara.

La salle présente sur chaque face deux niches qui ne se font
pas vis-à-vis. La statue de la divinité, assise à la javanaise
et son piédestal, de formes très simples, peuvent provenir
d'un temple plus ancien.

Groupe SUD-EST, sur la rive dr., s'ouvre à l'O.; il a pour
centre l'imposant sanctuaire de Bhadreçvara (c).

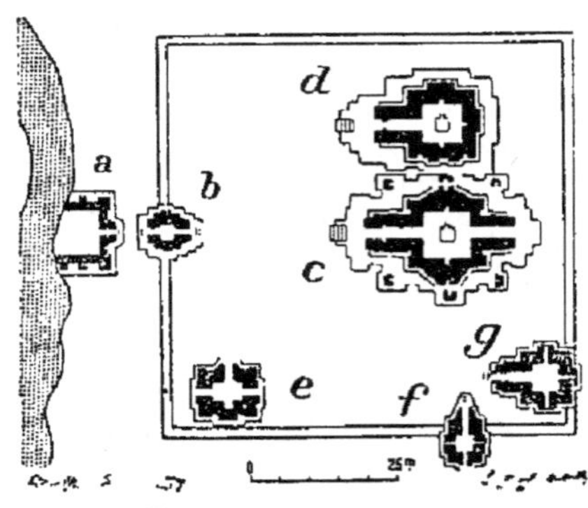

LE GROUPE SUD-EST.

Une terrasse (*a*) près de la rivière, puis on entre dans l'enceinte par une tour (*b*) percée de deux portes.

Quelques marches mènent à la terrasse sur laquelle repose le plus ancien édifice de Mi-so'n (*c*). Deux portes O. et E. donnent accès à la salle carrée, très élevée et éclairée par six niches à luminaire.

Au centre, une *vedi* (autel en forme de char) élevée en 731 et revêtue à l'origine de plaques d'or et d'argent; elle avait remplacé un autel en briques consacré sous Çambhu-varman. Le piédestal de la divinité supportait une Lakshmî.

Ce sanctuaire, « par ses majestueuses proportions, l'antiquité de son style et la richesse de sa décoration, tient le premier rang parmi les monuments de Mi-so'n (*Finot*) ». Il remplaça un premier temple, élevé à la fin du IV⁰ s. par un pieux roi Bhadra-varman, détruit par un incendie sous le règne de Rudra-varman I (VI⁰ s.). L'édifice reconstruit en briques par le roi Çambhu varman (m. en 629), fut placé sous l'invocation de Cambhubhadreçvara.

Plus tard, le roi Hari-varman, après son heureuse campagne au Cambodge, vint, en 1080, au temple de Bhadreçvara; « il donna toutes possessions utiles au service des dieux avec les serviteurs des temples : danseurs, musiciens, comme autrefois; il réédifia les tours, les chapelles, les arcades, et offrit tout le butin pris à Someçvara (Cambodge), des objets divers, tels qu'un koza d'or orné de quatre visages pourvu de toutes sortes de joyaux, diadèmes, parures colliers, puis des hommes de diverses sortes, serviteurs et servantes, et des bœufs, buffles et éléphants ».

Les inscriptions rapportent encore qu'en 1194, Sûrya-varman, ayant vaincu les Cambodgiens, fit un pèlerinage à la ville sainte et offrit des dons aux temples.

Devant le grand temple fut relevée la *stèle* de Bhadra-varman (fin du IV⁰ s.) qui commémore l'érection du sanctuaire.

« Succès ! Hommage à Maheçvara (Çiva) et à Umâ, à Brahmâ et à Vishnu ! Hommage à la Terre, au Vent, à l'Espace, et en cinquième lieu au Feu ! Ayant rendu hommage, j'exprime ce vœu médité dans tous ses détails : puissent les actions des méchants être évincées par les justes, qui en annulent une infi nité ! (?)... Si quelqu'un, par violence, prend ou saccage (cette terre), que les habitants soient exempts de blâme, et que le péché soit sur (le délégué du roi)... »

Au N. et sur le même alignement, un second *sanctuaire* (*d*), de la seconde moitié du VII⁰ s. Il est de dimensions assez importantes, ouvert à l'O. et élevé sur un soubassement à ressaut. La divinité est un *linga*; celui-ci fait corps avec sa cuve, dont le bec est tourné au N.

Des tours surmontent la face S. du mur d'enceinte.

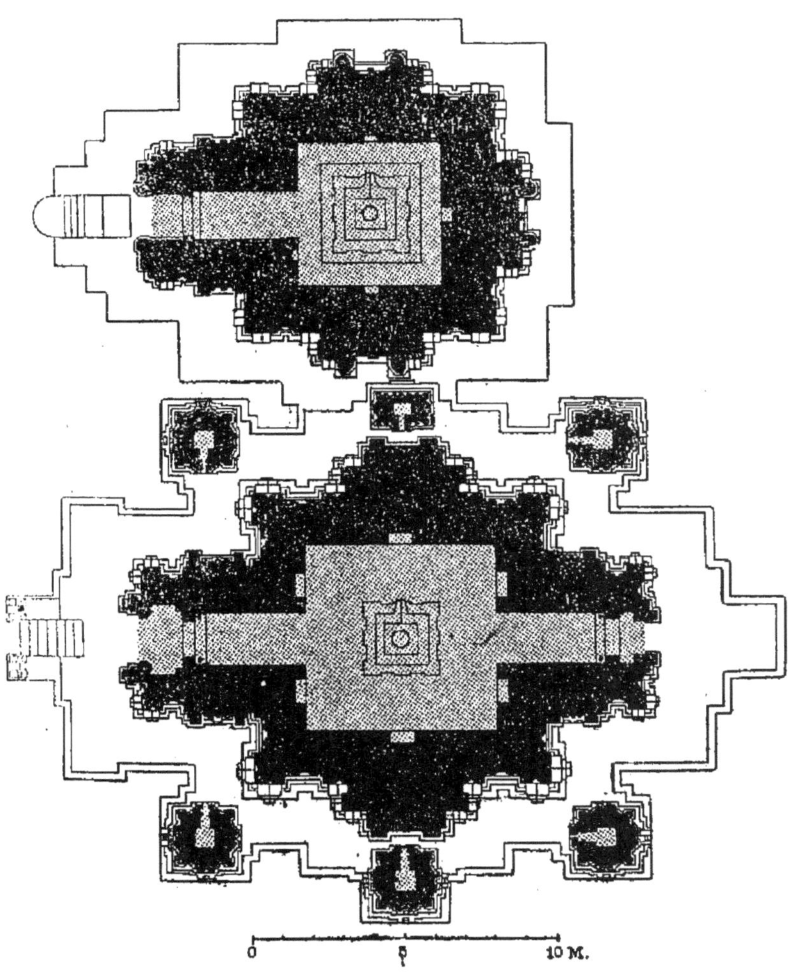

TEMPLE DE BHADREÇVARA, d'après H. Parmentier.

Le *groupe* EST ne compte qu'un *sanctuaire* de la basse époque (XIIe-XIIIe s.) situé sur un mamelonnement.

Le *groupe* NORD-EST, non loin du chemin de Mi-so'n à Tai-lôc, comprend deux temples anciens, ouverts à l'O. Leurs enceintes sont accolées.

Le plus anciennement édifié est le sanctuaire « méridional », le *Vâm(abhût)eçvara* (VIIe s.). Il est précédé d'une tour-porte et d'une longue salle extérieure.

Cet édifice, élevé sur une large terrasse, n'était pas couvert comme les autres par une voûte en briques, mais par une toiture en tuiles, et les dés de support aux angles sont in-visibles. La divinité était un énorme linga, monté sur un haut piédestal enrichi de décors.

Trois annexes sont situées au S.; celle du S.-O. avait pour divinité un Ganeça à quatre bras. — Dans le même enclos, un temple au N.

Le sanctuaire plus « septentrional » est le temple de *Pra-bhâseçvara* (fin VIIe s.). Il abrite un linga décoré.

Chemin : de Mi-so'n au fleuve, à *Thu-bôn*, 9 k.

Thu-bôn (à 18 k. de Trà-kiêu), marché sur la rive dr. du sông Tinh-yên (ou sông Thu-bôn).

En remontant la vallée, le fleuve franchit, à 10 k. de là, de petits rapides dans sa traversée du *défilé* de Dinh-ba. Ici, les rebelles de 1885 avaient barré la rivière et établi des retranchements sur les hauteurs.

33 k. de Trà-kiêu, *Trung-phu'o'c*, s'étale sur la rive dr., au débouché de la petite vallée du Khe Lo, où un poste français fut installé en 1886.

Chemin. Trung-phu'o'c à *Hu'o'ng-què* (53 k.) sur la route col. de Tourane à Tam-ki, par la source chaude de Phu'o'c-binh (5 k.), le col Dèo Le (14 k.), Lo-chen (17 k.) où le chemin devient meilleur.

A 5 k. E.-S.-E., *Phu'o'c-binh*, où émerge dans la vallée une *source* hyperthermale sulfurée sodique, du genre pyrénéen, (contre les affections des dermatoses, névralgies, rhuma-tismes).

Les échantillons prélevés par M. Madrolle, en 1895, ont été analysés à l'École des Mines de Paris. Comme toutes les sulfurées, la source de Phu'o'c-binh est peu minéralisée.

« Il a été dosé par litre d'eau : acide carbonique, libre... non dosé, des bicar-bonates 0.0545; acide chlorhydrique 0.0152; acide sulfurique 0.0178; acide sul-fhydrique 0.0037; acide hyposulfureux 0.0014; silice 0.0480; protoxyde de fer, traces; chaux 0.0095; magnésie 0.0020; lithine, traces sensibles; potasse 0.0310; soude 0.0886; matières organiques 0.0280. Total 0.2997.

Composition calculée : bicarbonate de chaux, 0.0244; bicarbonate de magné-sie 0.0064; bicarbonate de soude 0.0600; sulfate de soude 0.0316; hyposulfite de soude 0.0023; *sulfure de sodium* 0.0085; chlorure de sodium 0.0244; silicate de soude 0.0575; silicate de potasse 0.0507; chlorure de lithium, traces sen-sibles; matières organiques 0.0280. Total 0.2938. Extrait sec à 180° : 0 gr. 2784 par litre.

L'eau avait conservé, malgré la longueur du voyage, du sulfure de sodium non altéré; il doit y en avoir davantage à la source et l'on doit présumer que l'hyposulfite de soude a été produit par une oxydation du sulfure alcalin. Pareille altération est inévitable avec les eaux sulfureuses transportées au loin (*Carnot*). »

NONG-SO'N

37 k. 5, en amont et sur la rive g., le *débarcadère* de *Nong-so'n* (74 k. de Tourane), dont le centre minier, situé à 2 k.

dans l'O., est réuni à la rivière par un Decauville. Le vallon est dominé à l'O. par une chaîne boisée dont le sommet atteint 518 mèt.

Le gisement de charbon anthraciteux fut exploité bien avant l'intervention française. La mine est passée successivement entre les mains de diverses sociétés.

Le charbon maigre, anthraciteux, est situé dans un terrain rhétien, nullement métamorphisé, reposant directement sur les gneiss et débordant en tous sens les limites de la présente concession. Le gisement est formé de plis synclinaux et anticlinaux, aux molles ondulations, de direction générale N.-O. S.-E. Ici, la couche est épaisse et exploitée par des travaux en galeries et en descenderies; puits de profondeur de 80 mèt. Le produit est grisouteux et le feu, déclaré en juillet 1890, a déterminé le comblement d'une galerie. L'extraction a été souvent arrêtée : 6.500 T. en 1900; 20.200 T. en 1905.

A 12 k. au-dessus de Nong-so'n, la vallée se resserre brusquement. Le fleuve, barré successivement par deux chaînes parallèles S.-O. N.-E., les traverse par des gorges qui inspirèrent les Cham du VIIe s. Le premier défilé est celui de *Thach-bich* « la Muraille de pierre ».

Montée jusqu'ici en 4 à 5 h. selon le courant; descente en 3 h. 30. Partir de nuit en sampan afin d'arriver à la gorge de Nho'n-trach, la plus éloignée au lever du jour.

De hautes pentes rocheuses enserrent le haut sông Thu-bôn et une *inscription* cham émerge de l'eau pendant la saison sèche.

« S. M. Prakâçadharma, roi du Champa, toujours victorieux, maître de la Terre... a consacré ici ce Çiva. » Il semble que l'emblème de la divinité, le linga, soit la muraille même du rocher, dont les ablutions rituelles sont assurées par le courant du fleuve.

A 4 k. plus loin, un nouveau défilé court sur 2 k., c'est celui de *Nho'n-trach*. Le fleuve peut être remonté beaucoup plus haut.

7. Dông-du'o'ng.

Ruines d'une vaste pagode bouddhique édifiée par les Cham.

Tourane à Dông-du'o'ng, 53 k., par la route mandarine. A Hà-lâm (phu de Thang-binh), vers la borne 142, on tourne à dr.; Dông-du'o'ng est à 10 k. au S.-O.

Dông-du'o'ng et Mi-so'n sont deux centres religieux de l'ancien Champa, situés à 21 k. l'un de l'autre à vol d'oiseau. Celui-ci fut élevé aux dieux du Brahmanisme; celui-là au culte du Bouddhisme.

Dông-du'o'ng « Plaine de la divinité » (Plaine sacrée) est sur l'emplacement d'*Indrapura* « la ville d'Indra » où, dans un rayon de 5 k., on a relevé neuf édifices cham.

Le monastère de *Pramudita-Lokeçvara* a laissé peu de traces, mais il en est autrement du vaste *Âçrama*.

C'est là que fut élevé le grand sanctuaire bouddhique de Dông-du'o'ng, dont l'ancienne chaussée est coupée malencontreusement par la route de Phu-lam.

Indrapura fut la capitale de la 6⁰ dynastie (860 à 986) jusqu'à sa destruction, en 982, par les Annamites, conduits par le roi Lê-hoan, fondateur de la dynastie des Lê (à Hà-nôi).

Le vaste édifice cultuel est un *vihâra*, monastère bouddhique, orienté E.-O., consacré par Indra-varman II sous l'invocation de Lakshmîndra-Lokeçvara, autre nom du bodhisattva Avalokiteçvara. La stèle royale est du 13 mai 875.

A ce couvent de bhikshu, le roi donna « des champs avec leurs récoltes, des serfs des deux sexes, des richesses en or, argent, laiton, fer, cuivre, etc., pour l'usage de la communauté des bhikshu, pour l'achèvement de la propagation du Dharma ».

En venant de Hà-lâm, on laisse à main g. un vaste bassin rectangulaire (240 mèt. × 300), l'ancien étang sacré de la pagode.

Dans l'axe de cette nappe d'eau, aboutissait une longue chaussée de 763 mèt., la voie sacrée.

Les ruines du *vihâra* s'élèvent à l'extrémité d'un rectangle, clos par une enceinte de 980 mèt. de développement, compartimenté par d'autres murs intérieurs. On accède au sanctuaire par une chaussée coupée de quatre porteries, avec dvârapâla de pierre, précédées d'une paire de pylônes.

En arrivant par la chaussée, on franchit l'enceinte pourtournante par la première porterie E., on laisse à dr. un étang, puis on pénètre dans un nouvel enclos.

Le second portique mène à la Salle aux piliers (de réception ou de danse).

Les gardiens du troisième portique ont des montures différentes; celui du S. est sur un lion; celui du N., vêtu d'un court sampot, est sur un makara. Dans la vaste cour suivante, une Salle en long.

Le dvârapâla S. du quatrième portique, debout sur un taureau aplati contre terre, lutte avec un petit guerrier craché de la gueule de l'animal.

On entre dans la cour principale, où se dresse la *tour centrale*, grand édifice à quatre baies. — En arrière, est le *sanctuaire* principal, accompagné de tours, N., N.-O., S.-O. et S., élevées sur la même terrasse.

Dans le même enclos : sept templions s'appuient sur les

murs d'enceinte, deux tours à quatre baies, deux bâtiments qui ont pu servir d'habitations.

Parmi les vestiges retirés des ruines, on peut citer : deux kâla, un grand Bouddha, trois Bouddha plus petits sans tête.

8. Tam-ki à Trà-mi.

BÔNG-MIÊU

51 k. S.-O. — De Tourane à Tam-ki, 67 k. 5; — de Tam-ki à *Bông-miêu*, 28 k.; trajet, 1 h. en auto, jusqu'à 2 k. de la mine, ou 4 h. 20 en pousse.

Tam-ki, sur la Route Col. de Tourane (67 k. 5), à Quang-ngai (63 k. 5).

6 k. On quitte la plaine pour pénétrer dans une région assez pittoresque. — 8 k., un petit col.

9 k., sur la g. un chemin va à la rivière Ba-kí (200 mèt.), près de laquelle jaillit une *eau* thermale. Des *sources* se poursuivent sur 1 k. en amont, au milieu des rizières. C'est le groupe hyperthermal sulfureux de *Ngoc-nha*, à 1 k. 5 avant ce village.

A 9 k. S.-E., *Du'c-phú*, chrétienté. Vastes plantations de théiers (graines sélectionnées de Java et d'Assam) de la « Sté des Thés de l'Indochine », usine moderne; 2.500 ouvriers.

16 k., col, à 100 mèt. d'alt., dominé dans le S.-E. par le Núi Ganh-doac (400 mèt.). On entre dans le bassin du sông Thu-bôn.

19 k. 5, *An-lau*.

ROUTE. A 8 k. S.-E., *Co-bái*, siège de la mine de *Bông-miêu*. Après 2 k. 8, on atteint le sông Vàng qu'on remonte jusqu'à l'exploitation minière par une route en corniche surplombant le torrent.

BÔNG-MIÊU.

Le centre minier est situé dans un vallon enserré de hauteurs boisées et traversé par le sông Vàng « la rivière aurifère ».

Ce gîte aurifère est l'objet d'une exploitation depuis des époques lointaines; c'est ici que les Cham retiraient le métal précieux dont ils recouvraient les tables des autels et les statues de leurs dieux, ou bien ornaient les palais royaux. Les récits de la guerre de l'an 446 rappellent qu'à 55 k. d'ici à vol d'oiseau, les Chinois retirèrent des temples « 100.000 livres d'or pur » et que le pillage recommença en 605, en 982. Au XVᵉ s., cette mine revint à l'Annam qui la fit exploiter pour le compte du gouvernement. Les travaux, arrêtés vers 1882, furent repris en 1895 par une société française. La hausse de la valeur en or de la piastre a parfois interrompu le travail du gisement.

Les gîtes aurifères offrent tous les caractères des failles de chevauchement, Il semble que la région ait été l'objet d'un plissement intense à une époque antésecondaire, probablement hercynienne. On a travaillé dans plusieurs filons. Le filon principal, encaissé dans les micaschistes et d'allure régulière

offre une minéralisation de pyrite de fer et de galène dans une gangue quart-
zeuse et schisteuse; l'or est associé aux sulfures et n'existe dans le quartz
qu'en quantités infimes. La principale zone minéralisée a une épaisseur de 40
à 50 cent. Les minerais sont de la galène, de la blende, du mispickel, de la
chalcopyrite, mais la pyrite aurifère et la galène argentifère ont seules attiré
l'attention par leur valeur.

La « houille verte » est produite par le courant de la rivière (usine hydroélec-
trique installée en 1910 à 800 mèt. en amont de Co-bai. La « houille blanche »
par une chute d'eau de 30 mèt. obtenue par un canal de dérivation (force de
150 CV). Tout dans l'exploitation est actionné par l'électricité, sauf le transport de force fait par une ligne aérienne de 1.850 mèt. qui marche par l'action
de la gravité. L'énergie électrique est distribuée à l'usine à or, aux moteurs de
l'atelier, au compresseur d'or, au treuil du plan incliné et à l'éclairage.

Au-delà de An-lau, la route serpente dans un pays montagneux et boisé, mais aux vallées habitées.

23 k., pont sur la rivière venue de Bông-miêu. On entre
dans le huyên de Tien-phu'o'ng.

32 k., pont sur le sông Tram, affluent du sông Thu-bôn.

38 k., *Hu'o'ng-lam*, plaine dominée au N. par le Cu'a Rung
(625 mèt.) au débouché du col Dèo Leo. — Les villages se
font plus rares.

51 k., *Tra-mi*, marché de la cannelle. Poste de milice dans
le voisinage de populations indonésiennes montagnardes;
qualifiées de *Moi* « Sauvages » par les Annamites.

ENVIRONS :

Vers le S., les postes de Trà-van, de *Mang-ta* (17 k.) chez
les Indouésiens.

Vers le N., itinéraire sur *Nong-so'n* : par chaise jusqu'à
Ba-dôn, où on descend la rivière par petit sampan en passant
par les *gorges* de *Nho'n-trach* et de *Thach-bich*.

Vers le S., sur *So'n-tinh* (52 *k.*), de Quang-ngai, par le col
de Charat (20 k. 5), puis *Xuân-khu'o'ng* (19 k. 5).

9. Tourane à Qui-nho'n.

322 k. — La Route Coloniale n° 1, qui va, parallèlement à la côte, du Nord-
Annam aux frontières de la Cochinchine, a été construite généralement sur
de très anciens tracés. C'est la voie que les inscriptions cham appellent *jalan
rayân* et que les Européens du XIXe s. dénommèrent la « Route mandarine ».

Service quotidien d'autocar postal. Arrêt à Quang-ngai pour déjeuner.

Les routes de terre de cette région maritime sont parfois rendues imprati-
cables à l'époque des tornades et des pluies (mi-octobre à commencement de
janvier), lorsque les inondations submergent les plaines.

Tourane. — De Tourane à *Quang-nam*, 22 k. (v. R. 5), par
le pont de Cam-lê (8 k.), Bô-mu'ng (17 k.), le pont de Vinh-
diên (21 k.), Quang-nam (22 k.) et sur la g., la route de Faifo.

25 k. *Cho' Cui*, siège du huyên de Diên-phuc et du phu de Diên-bàn; marché sur le sông Sài-giang, bras N. du fleuve. Pont en ciment armé de trois arches de 30 mèt. — 27 k., passage du fleuve.

Sous les Lê, huyên de Diên-bàn, créé en 1469 dans la dépendance du phu de Triêu-phong. Sous les princes Nguyên, Diên-phúc, en 1602, relevant du phu de Diên-bàn.

On remarquera que le mot Diên est le même homophone que dans Diên-sung, le lieu dit du siège de la capitale du Champa au VI° s.

29 k. 5, à dr., la route de Ma-châu (4 k.) et de *Trà-kiêu* (7 k.).

31 k. 5, tram de *Nam-phu'o'c*. Pont submersible de 280 mèt. sur le sông Ba-rèn au courant rapide aux hautes eaux.

33 k., *Mong-lanh*. — Poste du huyên de Quê-so'n, créé en 1835.

37 k., *Hu'o'ng-quê*, reste d'un sanctuaire dédié à Çiva, élevé au début du XI° s. — 38 k., *Hu'o'ng-lôc*, sur la rive g. du sông Ru-ri; pont.

Route : Hu'o'ng-quê à *Dông-an* (35 k.) sur le haut sông Thu-bôn, par Phu-cu'o'ng, Phúc-thi, *Dong-phu* (29 k.). De ce point, le chemin de *Nong-so'n* (29 k.), par *Lo-chen* (6 k. 5) fabrique de faïence, le col Dèo Le, la source chaude de Phu'o'c-binh, Trung-phu'o'c.

43 k., carrefour de Hà-lam.

Routes. 1° N.-E. de *Cho'Du'o'c* (5 k.), marché sur la lagune de Tru'o'ng-giang. A 4 k. au S.-E., *Vân-doa*, près de la côte, chrétienté.

2° S.-O. du col de Hô-ha (36 k.), par *Hà-lam* (1 k.), siège du phu de Thang-binh, créé en 1471 sous le nom de Thang-hoa, et du huyên de Lê-du'o'ng, créé à la même époque sous le nom de Lê-giang; — 9 k., *Dông-du'o'ng* (à 51 k. de Tourane), *ruines* d'un grand temple bouddhiste du IX° s. élevé par les Cham (v. R. 7); — 19 k., *Viêt-an*; — 27 k., *Phu-lam*, poste dans la moyenne région.

62 k., *Chiên-dàng*.

Groupe de trois tours cham en brique, édifiées sur un alignement N.-S., enfermées dans une enceinte. Stèle brisée émanant du roi Hari-varman (XIII° s.). A l'O. de la route, deux grandes statues d'éléphants de même origine.

Route : de *Tu-so'n* (28 k.), par le col de Hô-ha (13 k. O.-S.-O.).

67 k. 5, *Tam-ki*, centre commercial indigène, délégation, siège du phu de Tam-ki et du huyên de Hà-dông, créé en 1471. Tam-ki est au débouché d'un pays bien cultivé, et sur une voie d'eau mi-fluviale, mi-lagunaire, longeant la côte et accessible aux sampans de 10 T.

Routes : 1° de *Tu-so'n* (27 k. S.-O.), siège du huyên de Tien-phúc (phu'o'c). 2° de *Trà-mi* (51 k. S.-O.); *Bông-miêu* (28 k.), v. R. 8.

69 k. 5, pont sur le sông Ba-kí; puis, un petit chemin, à dr., mène à 500 mèt. au groupe des tours cham de *Khu'o'ng-mi*.

Les trois tours de *Khu'o'ng-mi* sont les restes principaux d'un ensemble important d'édifices cham, construits en briques et orientés à l'E.; leurs décors rappellent ceux de l'art primitif de Mi-so'n. — A 1 k. 5 au S., près de *Phú-hu'ng*, les vestiges d'un autre temple de la même époque.

A 2 k. plus loin, près de la grand'route, un bassin carré, d'origine cham.

75 k. 5, dans le S., le chemin de *Du'c-bô* (5 k. 3), mine de zinc.

Filon de blende massive avec un peu de pyrite de cuivre dans des schistes satinés d'épaisseur moyenne atteignant localement jusqu'à 10 mèt.

Le gisement affleure sur les berges du sông Bao-phu'o'c au point où cette rivière passe entre le mont Ba-thì et les hauteurs du Núi-Hôn-ro qui se prolongent vers le S.-E.

Les collines sont constituées par des grès et des schistes bariolés renfermant de nombreux filons de quartz. Le filon de minerai est interstratifié dans les schistes satinés.

Cette mine fut très anciennement exploitée par les indigènes et on retrouve encore de vieilles galeries creusées sur la rive E. du sông. Les travaux européens datent ici de 1893. En 1913, on extrayait 3.000 T. de blende cuivreuse d'une teneur moyenne de 43 % de zinc et de 2 % de cuivre. La rivière est navigable 500 mèt. en aval. Le gisement a eu de fréquents arrêts d'exploitation.

76 k., pont du sông Bao-phu'o'c. — Traversée d'un pays assez monotone

82 k., lagune de Tiên-qua. — 88 k., tram de Nam-van au village de *Vâng-trai*.

91 k., pont de Bèn-vang, à *An-tân*, proche de la lagune qui, parallèlement à la mer, mène en sampan à Faifo.

102 k., limite des provinces de Quang-nam et de Quang-ngai. Dans l'O., le *Nui Hang-ba* (401 mèt.), grotte et pagode; cette hauteur termine la ligne de partage des eaux de deux bassins côtiers. Dans l'E., une zone de dunes vers la baie de Dung-quât, limitée par le cap Nam-tram (Batam); le port de *So'n-trà*, ouvert en 1899, sur l'estuaire du sông Thê-câu (Trà-bông).

104 k., *Tri-binh*, tram, poste.

108 k., *Phu-lôc*, siège du phu de Binh-so'n, créé en huyên en 1471.

113 k., pont en ciment armé sur le sông Trà-bông, ou Thê-câu.

114 k., dans l'O., la route de *Xuân-khu'o'ng* (30 k.), projetée sur Trà-mi (38 k.), remonte la vallée du sông Trà-bong.

19 k., *Binh-hoa*, sources sulfureuses proches du fleuve.

30 k., *Xuân-Khu'o'ng*, marché fréquenté par les Indonésiens montagnards; cannelle, cire, rotins. Temple des marchands canneliers, fête annuelle.

118 k., à g., la route de *So'n-trà* (19 k.), salines, port de cabotage à l'embouchure du sông Tra-bong, par *Trung-so'n* chrétienté, plantations.

121 k., tram de Nghia-lôc.

128 k., *Phu-nho'n*, marché, siège du huyên de So'n-tinh.

Route : de *Le-lang* (37 k.) sur le haut sông Trà-Khúc. — 12 k., *Nhiên-nien*, marché; au S., chemin sur Quang-ngai. — 16 k., *Ba-gia*; au N.-O., chemin de Binh-hoà (11 k.) par le col de Phù-so'n.

A 5 k. au N. du sông Trà-khúc, une des mines de *graphite*, dans une région graphitifère où apparaissent de nombreux affleurements. Ces gisements sont formés par des poches interstratifiées dans les micaschites, mais ils ne sont pas aussi riches en carbone que ceux de Madagascar. Les sampans descendent ces minerais par une rivière au cours rapide pour aller les décharger près de Phô-an (Cô-luy) sur des jonques qui les transportent aux vapeurs mouillés sous le cap Batangan.

23 k., *Cù-va*, limite de la navigation par sampan. — 25 k., proche de la rivière, *source* chaude. — 26 k., la route franchit la muraille de protection contre les incursions des Indonésiens. — 37 *Le-lang*, poste sur le sông Ri, siège du huyên de So'n-ha.

130 k., à g., la route de *Ki-xuyên* (12 k.). Le lit du fleuve est bordé de grandes roues hydrauliques en bambou (norias) pour l'irrigation des rizières.

131 k., Quang-ngai, sur la rive dr. du sông Trà-khúc, riante petite ville administrative. *Citadelle*, siège des autorités provinciales annamites appelé successivement Tu'-nghia (1602), Quang-nghia (1831). Résidence au milieu d'un parc; quelques sculptures cham provenant des ruines de Chanh-lô. *Hôtellerie.*

Terrain d'atterrissage pour avions, à 4 k. 5 E., sur la route d'An-mi.

Ancien pays Champa, dans lequel les Cham ont laissé de nombreux vestiges d'édifices cultuels que les Annamites ont en partie détruits ou rasés.

Les Annamites installèrent, sous les Hô (1402 à 1407), des postes éphémères appelés chàu de Tu' et de Nghia et, sous les Lê, celui de Hué-anh. Lors de la disparition du royaume de Champa (1471), la cour de Hà-nôi créa le phu de Tu'-nghia, subdivisé en 3 huyên (Binh-so'n, Mô-hoa, Nghia-giang), changé en Quang-nghia en 1602, en Hoà-nghia sous les Tai-so'n, en doanh de Quang-nghia en 1803. En 1835, on créa le phu de Tu'-nghia, puis sous Tu-du'c celui de Binh-so'n. Le titre provincial fut trân en 1808, puis tinh depuis 1831. La province est aujourd'hui subdivisée en sept arrondissements Tru'o'ng-nghia, Binh-so'n, Mô-dù'c, Dù'c-phô, Nghia-hành, So'n-tinh, So'n-ha.

L'année climatologique peut être divisée en trois *saisons* : la saison sèche, de fin décembre à mai; la saison des orages, de mai à septembre; la saison des pluies, de fin septembre à décembre.

ROUTES. 1. Quang-ngai à *Ki-xuyên* (14 k. N.-E.), passage du fleuve; la route court sur la rive g. — 4 k., *Châu-sa*, ancienne fortification cham de 400 mèt. de côté, enserrait autrefois un vaste sanctuaire çivaïte, auquel une inscription signale des donations en 893 A.D. et en 903. Dans le temple du village, on montre quatre tuniques royales, dites cham. — 14 k., *Ki-xuyên* pêcheries, village dans les cocoteraies, *plage* de sable fin sur la rive N. de la petite anse de An-vinh.

2. Quang-ngai à *Xuân-khu'o'ng* (38 k. N.-O.) par la rive dr. du fleuve. — 10 k., *source* minérale de *Mi-thanh*. — 14 k., passage du fleuve. — 18 k., *Ba-gia.* — Dans l'O., importante région graphitifère s'étendant vers le pays moi. 21 k. *Phù-so'n*, puis le col du même nom. — 28 k., *Binh-hoà* et ses sources sulfureuses. — 38 k. *Xuân-khu'o'ng*, marché fréquenté par les montagnards

3. Quang-ngai à *Phu-tho* (10 k. E.), au S. de l'estuaire, ancien site cham.

Maison d'été de la résidence. Habitation de l'ancien régent Nguyên-thân;
quelques beaux meubles, vieux vases « bleus », (pour visiter, demander une
lettre d'introduction à la résidence). — Au-delà de la lagune, *Cô-luy* « vieux
remparts » cham présentant un carré de 150 mèt. de côté, près du *Bàn-co'*
« plateau du jeu d'échecs »; port (Phô-an).

4. Quang-ngai à *Thu-xa* (8 k. S.-E.), centre commercial indigène le plus
important de la province; colonie de chinois. — Chemin sur *Phu-tho* (4 k.).

5. Au S., le mont *Thiên-an*, monastère bouddhique; — *Chành-lô* (2 k.),
reste d'un temple cham de grande dimension; linga de grande taille dans une
tour octogonale; — *Núi But* (3 k.), vestiges de soubassements d'édifices cham.

6. Quang-ngai à *Minh-long* (28 k. S.-O.). — 9 k., le sông La-chan; — 15 k.,
col de Lô-gio; — 19 k., *Phu-lam*, marché à la limite de la muraille moi, sur la
rive g. du sông Ve, siège du huyên de Nghia-hanh; — 28 k., *Minh-long*, poste
dans la région montagneuse.

135 k., *An-hà*, **siège du phu de Tu'-nghia et du huyên de
Chu'o'ng-nghia.**

138 k., le sông Câi-bua.

141 k., tram de *Nghia-mi;* **le song Ve.**

A 5 k. en amont, *Bô-dê.* Dans un *miêu*, une figure de Ganeça, bariolée par
les Annamites, que ceux-ci invoquent pour obtenir la pluie.

148 k., *Câu-Dia,* **pont sur le sông Thoa.** — *Long-thinh*,
route de *Dai-lôc* (15 k. S.-O.), par le col de Lôc-lanh.

161 k., *Trach-tru,* **marché, siège du huyên de Mô-dú'c,
créé en 1471 sous l'appellation de Mô-hoa; source ferrugineuse.**

Au col de Dèo Hai, près d'un ancien volcan, une *source* hyperthermale,
sulfureuse faible, chlorurée, calcique.

ROUTE : Mô-dú'c à *Phu-lam* (30 k. N.-O.), par *Du'c-pho* (8 k.), dans la vallée du sông Trà-câu, que le chemin remonte jusqu'à *Oanh-so'n* (16 k.) pour
passer ensuite dans la vallée du sông Ve qu'elle descend; — 25 k., *Dai-lôc*; —
30 k., *Ngoc-gia*, vis-à-vis de Phu-lam.

De Oanh-so'n, un chemin remonte la haute vallée du sông Ve, par *Truong-
an*, poste, et *Ba-to,* marché, poste à la limite des Indonésiens insoumis.

166 k., *Dông-ngan.* **Route de** *Mi-hà* **(6 k. S.-E.), petit port
d'estuaire, à** *Du'c-pho* **(7 k. 5).** — *Câu Bo,* **pont sur la rivière
de Trà-câu.**

170 k., *An-thanh,* **marché, siège du huyên de Du'c-phô.**

174 k., à dr., la route de *Liêt-so'n* **(7 k.), marché, au pied
de la muraille des Moi.**

Un sentier suit cette muraille jusqu'à *Lô-thuc* (Binh-dinh) dans la haute
vallée du Lu'o'ng-cu'a, et se continue sur *An-lao.*

**La route, dans les cocoteraies, rappelle, par son charme,
certains paysages de la côte S.-E. de l'île de Hai-nan, la terre
étrangère la plus proche.**

179 k., *Thui-thach* **et le tram de Nghia-quân.**

185 k., *Diên-tru'o'ng.* **On laisse à dr. l'ancien chemin pour**

se rapprocher de la mer, longer plusieurs lagunes, charmants petits lacs que la route domine.

188 k., à g., le chemin de *Long-thành* (1 k. 5), roche inscrite cham, salines, poteries, à la naissance de la pointe *Sa-hoi*. Ce site est le Mont *Linh* des textes, où fut découvert (1908) un dépôt de jarres préhistoriques, en terre cuite, hautes de 0,80.

190 k., à g., *Sa-huynh*, salines, dernier site du Quang-ngai.

Proche de la route, sous une cascade, un mot cham inscrit sur la roche. — *La-van*.

196 k., le col de Chu'o'ng-hoa, tram à la limite des provinces. — Descente dans la basse vallée du Luong-cu'a, qu'on franchit Plaine plantée de cocotiers.

199 k., sur la g., *Tam-quan*, second port de pêche du Binh-dinh; jonques annamites et chinoises.

Les dunes arides, qui marquaient la fin du Quang-ngai, ont fait place à une admirable végétation, de belles rizières, de superbes cocoteraies celant des villages.

205 k., *Hoi-thanh*, marché de Cho' Cat.

210 k., *Giao-tri*.

215 k., tram de *Bông-so'n*, proche de *Tung-an*, le siège du phu de Hoài-nho'n et du huyên de Bông-so'n créé en 1471, sur la rive g. du Lai-giang. Magnanerie. Distillerie. Site agréable dans les cocoteraies.

ROUTE. Bông-so'n à *An-lao* (31 k. N.-O.). — 14 k., *Phu'o'c-binh*, siège du huyên de Hoài-an; — 31 k., *An-lao*, poste au pied de la muraille des Moi. — Le chemin est continué sur *Liêt-so'n* (31 k. 5), au Quang-ngai. — Sous une cascade, une inscription de 14 lignes est gravée sur la falaise bordant le torrent de Ho-gian, voisin du village de *Thanh-so'n*.

218 k., Passage du sông Lai-giang.

A 3 k. S.-O., une grotte basse dans une falaise de limonite passe pour avoir été un ermitage cham.

La route se poursuit ombragée par une double rangée d'arbres superbes. — 222 k., *Van-cong*.

237 k., tram de Binh-du'o'ng. A 3 k. à l'E., la lagune de Ta-ho

252 k., *Trà-quang*, siège du huyên de Phù-mi, créé en 1835 par la scission du district de Phù-li; dans une région de culture du thé.

256 k., tram de Binh-so'n.

260 k., pont sur le La-siem-giang.

264 k., *Vinh-truong*. — Route de *Du'c-phô* (17 k. N.-E.), sur la baie intérieure de Nu'o'c-ngot; salines. Au goulet, le

port de *De-gi ;* fabrique de cordages en fibres de cocos, poteries communes.

272 k., *An-hanh*, siège du huyên de Phù-càt, dont l'appellation a remplacé en 1835 celle de Phù-li; le district dépend du phu de Hoai-nho'n.

274 k., tram de Binh-an.

276 k., *Hoà-dong*. — Au S., sur une colline, la « *Tour d'Or* », élevée par les Cham. — Passage du bras septentrional du sông Nam-an.

279 k., *Cha-bàn*, appelé *Bang-châu*, ancienne capitale des Cham (XIe au XVe s.), dont les murs sont encore debout. Au centre du quadrilatère, la « Tour de Cuivre ».

285 k., **Binh-dinh** (v. R. 10), dans une région bien cultivée, peuplée, où se groupent plusieurs petites industries.

287 k., passage de la rivière Cai.

289 k., à dr., la route de Kon-tum. — A g., les « Tours d'Argent ».

299 k., à dr., la route de Nha-trang. — A g., le phu de Tui-phu'o'c.

302 k., les Tours de Hu'ng-thanh.

305 k., *Qui-nho'n* (v. R. 10), dans une belle baie.

10. Qui-nho'n.

Binh-dinh. Cha-bàn.

Qui-nho'n, situé au N. de la baie de Thi-nai, est le port de Binh-dinh ouvert au commerce par le traité de 1874. Résidence de France. Église. Siège de l'évêché de la Cochinchine orientale. La ville est bâtie sur une pointe de sable fermant le goulet d'une rade intérieure s'enfonçant au N. et finissant en lagune peu profonde. Vers l'E., la presqu'île de Phu'o'ng-mai, dont les hauteurs commandent la baie et la rade. *Hôtel.* — Terrain d'atterrissage pour avions à 1.200 mètres. S.-O., au pied du Nui Ba-hoa.

Dans le *jardin* de la Résidence, sont déposés quelques objets : statues, pièces de tympan, décors provenant des ruines cham des environs.

Le *port* est fréquenté par des jonques chinoises venant de Soua-t'eou (Chine) et de Hai-nan avec la mousson du N.-E., de Singapore à l'époque de la mousson du S.-O. Service à vapeur régulier sur Hai-phong et sur Sàigòn; irrégulier sur Hong-kong. Le trafic, à l'exportation, porte sur les porcs vivants, les volailles, le sucre brut, la soie grège, le crépon « de Qui-nho'n ».

Le terme *Qui-nho'n* n'était pas anciennement le nom du site maritime, mais celui de l'ex-siège du gouvernement situé à 26 k. N.-O. L'appellation propre du lieu est *Thi-nai* « le marché des salines » qui reçut les surnoms successifs de « port de Vijaya », de « port de Sin-tcheou », de « port de Qui-nho'n » anciennes appellations rituelles du siège provincial.

Historique. — C'était le port cham de Çri Vini, que les Annamites transcrivirent avec les caractères *Che-li p'i-nai* (Thi-lo'i bi-nai, *a*) en 1069, *P'i-ni* (Ti-nái, *a*) en 1303, et les Chinois *Chö pi-nai* au début du XVIe s.

A l'époque du royaume de Champa, le port fut occupé par les flottes ennemies, annamites, cambodgiennes, sino-mongoles, comme base d'opérations des armées de terre contre la capitale, située à 26 k. au N.-O.

En mars 1069, l'armée navale annamite s'en empara.

De la fin de 1282 à la mi-1284, les troupes sino-mongoles occupèrent le site. A la 1re lune de 1293, l'escadre mongole, se rendant à Java, fit escale devant le port.

Les Annamites y débarquèrent en 1377.

Au début du XVe s., la flotte chinoise de Yong-lo s'y arrêta. « La rive du port est marquée par une tour de pierre; cette position fortifiée s'appelle *Chö pi-nai;* deux chefs de barbares (Cham) y habitent, avec plus de 50 à 60 camps. »

La dynastie annamite des Lê s'annexa le pays en 1471, lorsqu'elle eut consommé la ruine du royaume de Champa.

Lors de la guerre des Tâi-so'n contre les Nguyên de Cochinchine, ces derniers brûlèrent dans ce port la flotte rebelle, en 1793, avec le concours de Dayot et de Vannier. Les Cochinchinois y revinrent en mai 1799 pour s'emparer de la cité provinciale de Qui-nho'n. Cependant, la flotte ennemie put réoccuper le port l'année suivante.

En 1801, la victoire décisive de Thi-nai sur les Tâi-so'n acheva la ruine des rebelles et décida de la rénovation du royaume d'Annam. Le roi Nguyên-anh (Gia-long), louvoyant sur les côtes du Phu-yên, avait à bord de ses vaisseaux les capitaines Vannier, de Forsans et Chaigneau. Il attendait le vent favorable pour surprendre la flotte ennemie et ensuite chercher à délivrer Vu-tinh, assiégé depuis un an et demi dans Qui-nho'n.

Le jour favorable se présenta le 27 février 1801. De bonne heure, l'armée navale franchit les passes de Cù-mông se dirigeant vers le N. Elle était forte de 91 voiles et transportait 4.000 hommes de débarquement. Vers le soir, elle était par le travers de Hòn Dât et, à la nuit, elle pouvait mettre à terre un corps de 1.200 hommes. Celui-ci s'avança vers les batteries non alertées, prit les tranchées à revers et braqua leurs canons sur le fond du port où était stationné le gros de la flotte des Tâi-so'n. Pendant ce temps, les galères à la faveur des ténèbres et du vent s'approchèrent des trois premiers vaisseaux ennemis, les prirent à l'abordage, puis y mirent le feu. Forsans pénétra jusqu'au port et brûla à lui seul sept galères ennemies des mieux armées. La flotte royale, tandis qu'elle forçait le goulet, fut bombardée par le fort de la rive opposée, le Tam-toà-so'n, et un boulet passa par ricochet à une coudée du roi. L'incendie gagna les vaisseaux à l'ancre, les forts, puis les poudrières explosèrent. La petite armée de Cochinchine avait battu par surprise une force de 20.000 hommes et détruit 673 vaisseaux ou chaloupes d'où l'on ramena plus de 500 canons.

Les grosses *pluies* se produisent principalement en octobre et novembre.

PROMENADES : 1º le Tour de la plage; — 2º les tours cham de Hu'ng-thanh (3 k.); — 3º la vallée des Paons.

4º *Làng-sông*, à 10 k. au N. Chrétienté importante. Séminaire du vicariat; imprimerie.

ROUTES : 1º Qui-nho'n à *Tourane*, 322 k. (v. R. 9). — 2º à *Nha-trang*, 232 k. (v. R. 14). — 3º à *Kon-tum*, 215 k. (v. R. 11).

QUI-NHO'N à CHA-BAN (26 k.).

Les ruines cham

Dans la vallée du sông Nam-an, les Cham ont laissé de nombreux vestiges de 13 siècles d'occupation. Les ruines le plus importantes sont groupées : une partie avant d'arriver à Binh-dinh, le reste autour de Chà-bàn.

Sur la pente d'une hauteur rocailleuse, à proximité de la route de Binh-dinh, à 3 k. de Qui-nho'n, les deux tours *(thâp-dôi)* cham de *Hu'ng-lhanh*. Elles dépendaient d'un groupe cultuel plus étendu; l'édifice le plus important mesure 23 m. de hauteur (XIe ou XIIe s.).

Ces tours, S. et C., présentent quelques différences avec le type ordinaire, surtout dans la composition du sommet. L'étage supérieur est élevé en pyramide curviligne au lieu d'être une succession de ressauts. Quelques sculptures. Les sanctuaires ont perdu leur linga.

« Les voûtes sont basses et ogivales, et celle d'un remarquable édicule voisin est cylindrique. Ces voûtes sont construites comme au Cambodge. Les pierres, superposées de chaque côté par assises horizontales, se rapprochaient, se correspondaient, chacune, dépassant celle du dessous. On abattait les extrémités intérieures depuis la naissance jusqu'au sommet, et l'on obtenait la coupe cylindrique ou ogivale. La surface était ensuite polie et quelquefois peinte.

« La grande tour a quatre portes, se coupant selon les points cardinaux, comme un dôme ou un arc de triomphe. L'édicule voisin en a deux, orientés N. et S. Dans cette tour trônait un Çiva avec dix bras, coiffé de la tiare, simplement vêtu du caleçon cham, les jambes croisées sur un lotus épanoui. Sur sa poitrine nue se déroulait un serpent relevant la tête vers celle du dieu. La statue est taillée dans un granit noir à grain très fin dont il n'existe pas d'échantillon dans les environs.

« Ce Çiva est parvenu en France en 1884, mais d'autres envois de sculptures cham ont été perdus dans un naufrage en mer Rouge. » *Lemire.*

6 k., *Binh-thanh*, siège du phu de Tui-phu'o'c, créé en 1471 sous le nom de huyên de Tui-viên.

Les retranchements de *Binh-lâm* qui, en 1283, subirent l'assaut des troupes sino-mongoles. La forteresse était alors appelée *Mou-tch'eng* (Môc-thành, *a*). Dans l'angle N.-E. de son enceinte, s'élève une tour orientée à l'E.

16 k., les « Tours d'Argent » de *Dai-lôc* comprenaient autrefois un groupe de 6 à 7 kalan. Il reste : la tour Centrale, haute de 25 mèt.; la tour E.; la tour S., plus un grand édifice au S. Sculptures.

Sur la g., la route de Kon-tum.

20 k., la citadelle de Binh-dinh, siège des autorités provinciales annamites. Centre de production de soie, tissus, crépons.

Cette cité officielle, close de murs, fut occupée le 3 septembre 1885, par la brigade du général Prudhomme, après les massacres des chrétiens.

Divers fragments de sculptures cham, provenant de l'enceinte, ont été rassemblés sous la porte dite Royale : éléphant, figure de Vishnu, etc.

Ce site succéda à Cha-bàn en 1803 comme siège administratif, lorsque la province reçut le nom rituel de Binh-dinh.

Lors de la ruine définitive du royaume de Champa (1471), les Annamites constituèrent le phu de Hoài-nho'n, subdivisé en 3 huyên (Bông-so'n, Phù-li, Tui-viên), changé en phu de Qui-nho'n en 1602, puis en doanh de Binh-dinh en 1803. Le titre provincial fut modifié en trân en 1808, en tinh en 1831.

La province compte 7 arrondissements : Bông-so'n, Phù-mi, Phù-cat, Hoai-an, An-nho'n, Tui-phu'o'c, Binh-Khé.

26 k., Cha-bàn, ancienne capitale du Champa élevée entre deux bras du sông Nam-an, dans une plaine peu accidentée. Il en reste une vaste enceinte rectangulaire de 1.400 mèt. (N.-S.) sur 1.100 mèt. (E.-O.) et la tour *Canh-tiên* ou « Tour de Cuivre » dressée au centre du quadrilatère.

Au S.-O. de la tour, la tombe du général Vu-tinh, tournée vers le S. et dont l'ancienne allée était bordée de sculptures d'animaux.

Aspect des ruines. « Une chaussée percée d'aqueducs en dalles de granit franchit les rizières qui s'étendent entre les deux enceintes et conduit au tertre sur lequel s'élevait la place forte. De larges glacis bordés de larges fossés dont il ne reste plus que des tronçons, contournaient les remparts formés d'un épais massif bâti en pierres de Bien-hoa. Leur ligne irrégulière, pour englober tout le monticule principal suivait les courbes de sa base.

« A chacun des angles de la place, un petit tertre s'élevait à l'extérieur correspondant à un tertre intérieur auquel il était sans doute relié de façon à former un ouvrage avancé. Les faces S. et E. paraissent seules avoir été percées de portes. Le vaste espace circonscrit par les murs dont le développement pouvait atteindre 5 à 6 kilomètres et sur lequel trois villages s'étendent aujourd'hui à l'aise, était sillonné de chemins creux, bordés de haies vives, et renfermait sans doute de nombreux monuments, temples et palais. Une seule tour carrée, en briques rouges (*Tour de Cuivre*) est restée debout; elle s'élève sur un petit tertre central, svelte, élégante, bien prise entre ses angles de granit blanc et coiffée d'un dôme léger comme un bonnet de dentelle. Dans l'O. de ce tertre, en plaine, deux éléphants de pierre, d'excellente tournure, se font face à 24 mèt. environ de distance, autrefois gardiens majestueux de quelque portique royal, aujourd'hui tristement égarés dans un champ d'arachides; ailleurs près d'un tombeau annamite, construit sur le soubassement d'un monument disparu, deux animaux fantastiques dus également au ciseau d'un artiste, et enfin dans le jardin d'une belle pagode consacrée aujourd'hui au culte du Bouddha, des débris de bas-reliefs, de statues et de linga. Tels sont les derniers témoins d'une vieille civilisation que les Annamites ont pu détruire, mais n'ont pas su remplacer. Voilà tout ce qui reste de cette citadelle qui résista pendant des siècles aux entreprises des rois de Hà-nôi, puis des seigneurs de Hué. » (*Navelle*).

Historique. Ancienne capitale du Champa de l'an 1000 à 1471, dans le pays de Vijaya. Son nom fut transcrit en caractères, par les Annamites, *Fo-che* (Phât-thê, a) en 1044, et *Cho-p'an* (Cha-bàn, a) en 1312; par les Chinois, *Sin-tcheou* (Tân-châu, a) « Nouvelle capitale ».

En 989 A. D., la province d'Amarâvatî (Quang-nam) ayant été dévastée par l'armée annamite de Lê-hoan, le roi cham Indra-varman V vint à Vijaya se faire introniser.

La nouvelle capitale eut à subir de nombreux sièges et pillages.

En 1044, le prince Phat-ma, à la tête des forces annamites, battit les Cham au fleuve Ngu-bô où le roi du Champa périt. A la 7ᵉ lune, il pénétra dans la ville, occupa le palais, s'empara de toutes les femmes du roi, du harem, des musiciennes, des choreutes, des chanteuses et d'un butin considérable.

En 1069, les Annamites, débarqués à Thi-nai, furent victorieux au fleuve Tu-mao. Le roi Rudra-varman III, en fuite, fut saisi et emmené prisonnier (4ᵉ lune) à Hà-nôi, et Champa-pura, pillée, fut brûlée.

En 1145, les Cambodgiens envahirent le pays, et en 1190 le roi du Cambodge installa dans la capitale un connétable Khmèr qui l'administra jusqu'en 1220. Quelques-unes des tours qui s'élèvent dans la plaine peuvent dater de cette époque.

A la fin de 1282, les troupes sino-mongoles de *So-tou* (Sagatou), venant de

Thi-nai, furent arrêtées par les retranchements de *Mou-tch'eng* (Binh-lam). Ces lignes avancées barraient la route de la capitale et avaient 20 *li* d'étendue; elles ne furent emportées par l'ennemi que le 15 de la 1re lune de 1283. Alors, le roi se retira dans la montagne et ordonna de faire le vide autour de l'armée chinoise jusqu'à son rembarquement (1284).

En 1377, les Annamites, s'approchant de la ville, furent défaits, et leur roi, Trần-duê-ton, fut tué dans la marche.

Au début du XVe s., la flotte chinoise des *Ming* fit escale à Thi-nai. « La capitale est appelée Champa-pura (*Tchan-tch'eng*). (L'enceinte) est faite de pierres amoncelées. Des quatre côtés, il y a une porte, et chaque porte a une garde. »

En 1471, les Annamites, poursuivant l'anéantissement du Champa, firent irruption dans le pays et l'annexèrent. Avant l'assaut de la capitale, le roi Lê-thanh-tôn fit battre les murs par des bombardes; la porte de l'E. fut emportée et le roi cham fait prisonnier.

L'ancienne capitale du Champa devint le siège de la province annamite de Hoài-nho'n (1471), appelée Qui-nho'n en 1602.

Les Tâi-so'n, originaires de la région d'An-khé, en révolte dès 1771 contre les Nguyên, seigneurs de Cochinchine, furent bientôt les maîtres de toute la région. L'aîné, Van-nhac, fixa sa capitale à Qui-nho'n.

Les Cochinchinois tentèrent inutilement de s'emparer de la cité en 1793. Ils y revinrent en force en mai 1799 sous les ordres de Vu-tinh. C'est pendant ce siège que Mgr Pigneau de Behaine, qui avait accompagné le roi Nguyên-anh (Gia-long), mourut le 9 octobre à Mi-cang. La place forte fut enfin prise en novembre par les troupes royales, mais Thi-nai ayant été réoccupé par les Tâi-so'n, Qui-nho'n fut de nouveau investi. Le siège dura plus d'un an et demi.

Vers la fin de juin 1801, toutes les provisions étant épuisées, les chevaux et les éléphants mangés, Vu-tinh, las d'espérer, ne pouvant plus garder la citadelle, mais refusant toujours de la rendre, avait fait élever une tour octogonale en bois qu'il avait fait garnir de poudre; revêtu de ses habits de cérémonie, il y pénétra et se fit sauter. A cette nouvelle, le roi pleura : « Vu-tinh, dit-il, a été fidèle jusqu'à la mort. L'antiquité ne nous offre pas d'exemple d'un dévouement comparable au sien. »

Lors de la reconstitution du royaume d'Annam (1801), le nouveau centre administratif fut reporté un peu au S., et le site provincial prit le nom de Binh-dinh.

A 1 k. au N. de Cha-bàn et sur une colline, la « Tour d'Or », appelée *Thôc-lôc* « tour cambodgienne » par les Annamites, est sise sur le territoire des communes de Phu-thành et le Châu-thành. Sur la façade, des ganeça.

Dans l'E. et à 8 k. de Cha-bàn, dans la vallée du moyen Nam-an, ou sông Coi, les trois « Tours d'Ivoire » ou de *Du'o'ng-long*, à Vân-tu'o'ng, sont élevées sur une légère éminence. L'édification de ces sanctuaires paraît avoir été inspirée des formes des prasat khmèr.

Ces tours « s'élèvent dans une forêt de superbes manguiers et jaquiers. Ces monuments sont beaucoup plus hauts, plus ouvragés et mieux conservés que les deux tours de Thi-nai. Celle du milieu est plus grande et plus ornée que les deux autres. Le gros œuvre est en briques rouges, mais elles sont richement rehaussées d'ornements de granit représentant des éléphants et des naga; au-dessus des portes court une série de bas-reliefs représentant des danseuses, des lions debout, des monstres, des animaux, des femmes. Les angles sont formés d'énormes têtes de dragons et d'êtres à la figure grimaçante qui se succèdent en se rapetissant, ce qui est d'un effet fantastique. (*Lemire.*)

Ce groupe a pour vis-à-vis la tour de *Thu-thiên*, construite en plaine sur l'autre rive de la rivière.

La vallée du sông Coi est une belle plaine, bien cultivée : mûriers, riz, canne à sucre, indigo, maïs. — *Lai-nhi* la maison communale.

11. Binh-dinh à Kon-tum.

197 k. (Depuis Qui-nho'n, 215 k.). Route col. n° 14; Trajet très intéressant dans un pays souvent pittoresque. Chemin automobilable en saison sèche, mais difficilement praticable pendant la période des pluies (juin à décembre). Sites de montagnes; forêt; chasse; types variés de peuplades, Jarai, Bahnar, Sedang, etc.

Sur la route, des gîtes d'étapes ont été créés dans les différents *tram*.

Binh-dinh (v. R. 10). La route de Kon-tum se détache de la route mandarine (R. Col. n° 1) au S. du delta et à 4 k. de la ville. Elle prend une direction O. et passe au pied N. du Nùi So'n-triêu (327 mèt. d'alt.). Elle se continue à distance et au S. du sông Coi (Kôn) dont elle remonte la vallée.

21 k., passage du sông So-da. — A 4 k. au S., la concession *Dong-xim*, culture du thé, du mûrier et du riz.

25 k., *Phu-phong*, en aval du confluent du Da Hang, sur la rive dr. du sông Coi. Magnanerie. Usine de filature de soie Delignon, dans une région séricicole, où se fabrique un crépon de soie dit de Qui-nho'n. Celle-ci traite 1.000 kilos de cocons par jour et emploie 800 ouvriers.

L'usine à vapeur fut élevée en 1903; elle comprend une filature, un moulinage, un tissage mécanique et occupe 600 ouvriers.

A 12 k., Concession de la *Rivière Verte*; culture de l'hévéa et du riz.

38 k., *Thuong-giang*, marché, au coude du song Kôn venant du N., siège du huyên de Binh-khe.

La route s'élève pour atteindre le Deo Mang (51 k.), col dans la ligne de partage des eaux entre le sông Kôn et le Krong Ba (sông Da-rang du Phu-yen), limite des provinces de Binh-dinh et de Kon-tum.

64 k., *An-khe*, sur un plateau, siège du huyên de *Tân-an*. Délégation. Établissement important d'élevage pour les races chevaline, bovine et ovine.

Ancien poste cham, devint sous les Seigneurs de Cochinchine, le siège du huyên de Tâi-so'n. De ce district est originaire la dynastie rebelle des Tâi-so'n (1778 à 1802) qui entra en lutte dès 1771 avec les Nguyên de Hué et s'empara alors du Binh-dinh.

Ce district fut appelé An-tâi en 1819, puis An-khê et Tân-an relevant du tinh de Binh-dinh. Fait aujourd'hui partie de la province de Kon-tum.

66 k., *Cho' Dôn*, sur le Krong Ba (ou Rpâ); bac pour auto. Poste de milice créé en 1904.

71 k., *Dak Jop-pau*. Concession Delignon, en terrain silico-argileux, riche en potasse; plantations d'hévéas et de caféiers de Libéria.

En janvier 1908, M. Pâris, directeur de la concession, fut tué dans le N. lors d'une expédition de représailles contre un village.

76 k., *Sông Ka-tung*, ancienne limite des deux provinces. Sala.

94 k., *Da Xa-vong*, petit poste.

Une chaîne de hauteurs, couverte de forêts, barre l'horizon. La route s'élève avec des tournants brusques, puis court pendant 5 k. dans la passe de Kon-Cho'rah. A la sortie du col, le poste de *Mang-giang* (102 k.), à 740 mèt. d'alt., dans une région forestière; maison de passagers.

113 k., *Da Ayun*, tram, sur la rivière de ce nom, gros affluent du Krong Ba. — A 2 k. en amont, *cascade* de l'Ayun. La haute vallée est habitée par les Bahnar-Halong.

124 k., *Suôi Doi*, Sala.

127 k., sur la g., la route de *Plei Kû* (43 k.).

136 k., traversée par 840 mèt. d'alt. de la ligne de partage des eaux entre les bassins côtiers de la mer de Chine et le versant du bassin du Me-khong.

147 k., *Kon Djiri*, sala, dans le pays des Brahnar-Hagu dont l'habitat s'étend jusqu'à la vallée du Se San.

158 k., *Dak Mo'-tong*, bac sur la rivière et pont indigène en rotins (*Câu Mâi*) pour les piétons, assez difficilement praticable pour ceux qui n'en ont pas l'habitude. Sala.

174 k., col de Tauer; sala. — Chemin sur *Kon Xolang*, chrétienté, 10 k. au N.

180 k., *Tra-huynh*, tram, à la jonction de la route 145 venant de Plei Kû, Plei Tur, *Ban Me-thuot*. Le chemin se prolonge en forêt-clairière au sol sablonneux.

195 k., on débouche dans la plaine de Kon-tum dans un cadre de hauteurs.

197 k., la route franchit le Se San en contre-bas de la Résidence et pénètre dans *Kon-tum*.

Kon-tum, agglomération « du Marais », à 525 mèt. d'alt., dans une plaine lacustre, siège provincial chez les Bahnar Ro'ngao (de la frontière), sur la rive dr. du Krong Bla, une des deux branches supérieures du Se San. Chrétienté.

Cette agglomération est traversée par une grande avenue

O.-E., parallèle au lit de la rivière. Les Annamites catholiques, les Bahnar catholiques, les païens ont leurs quartiers distincts.

Kon-tum doit son organisation aux missionnaires catholiques français qui, au milieu du XIXe s., vinrent évangéliser le pays des Bahnar. L'administration coloniale n'envoya son premier représentant dans ces régions qu'en 1905; d'abord placé chez les Jarai, il fut ensuite installé à Kon-tum.

La Mission catholique fut fondée en 1851 par le P. Dourisboure, venu de Binh-dinh. Elle groupa ses néophytes en villages, créa des écoles, composa des livres classiques franco-bahnar, enseigna et développa la culture, l'irrigation, l'élevage. Elle défendit les Bahnar contre les incursions des Sedang au N., des Jarai au S. Les PP. Vialleton, Guerlach, Irigoyen succédèrent au fondateur de la chrétienté. L'œuvre de ces pionniers au milieu de ces populations « sauvages » est remarquable et prépara l'intervention française. Lors de l'expansion politique du Siam vers le plateau Jarai (1890 à 1893), la mission donna tout son appui moral et matériel pour seconder les efforts indochinois afin d'arrêter la marche des colonnes siamoises.

La région montagneuse recèle quelques dépôts de « pierres de foudre » et, à côté du type ordinaire de la hache indochinoise, on trouve aussi une hachette en spatule bombée, plate par en dessous.

Il a survécu à la domination Cham autour de Kon-tum quelques vestiges et débris de monuments; débris d'autels à Phuong-hoa, à Kon-Klor à 3 k. en amont; vestiges de tombeaux près de Kon-hengo, à 7 k. en aval.

Chasse abondante : paon, faisan, cerf, chevreuil, gaur et banteng, tigre, panthère, éléphant, quelques sangliers.

Commerce. A l'exportation, le sésame, les larmes de Job, les peaux, les cornes, la cire, les rotins, les porcs; à l'importation, le mam, le poisson salé, le sel, les étoffes, les gongs.

Routes. La rivière Bla est navigable depuis les rapides de Kon Ketu, un peu en amont de Kon-tum, jusqu'en aval de son confluent avec le Pekô sur un développement de 40 k.

Kon-tum à *Dak To* (62 k.). A 45 k., la rivière Psi; à 5 k. en aval, l'ancien poste *Robert*, créé en 1901 et détruit la même année par les Sedang, qui y blessèrent mortellement son valeureux chef. — 62 k., *Dak To*, poste à l'orée du pays Sedang insoumis.

Excursion : A 22 k. S.-O., sur le Se San, la *chute* du *Jrai-li* a une hauteur de 42 mèt. Ce saut formidable est un peu en aval de *Plei Tum* et le grondement des eaux monte en un lointain tonnerre. Cette curiosité naturelle fut signalée par Cupet en 1891.

A 50 k. O. à vol d'oiseau, la *source* thermale sulfureuse de *P. Rman* (49° C.) avec d'autres dans la région.

12. Tui-hoa à Plei Tur.

208 k. Ce fut une ancienne voie cham pour gagner le pays Jarai; diverses ruines brahmaniques la jalonnent encore.

Tui-hoa, proche de la rive g. du sông Da-rang, sur la route mandarine (R. C ^{e} n° 1), v. R. 13.

10 k., *Trinh-nghiêp*, dans le huyên de So'n-hoà.

Près de la rivière, la citadelle cham de *Thanh-hô* mesure 700 mèt. de côté. — Sur la rive opposée et sur un mamelon, à *Phu'o'c-tinh*, les restes d'un temple cham voisinent avec le temple Chùa Bà « Temple de la déesse ».

14 k., la route franchit le canal d'irrigation, puis longe le sông Da-rang sur sa rive g.

22 k., *Phu-sen*. — Sur la rive opposée, *Thach-thanh*.

27 k., la montagne borde le fleuve; la route se tient entre le Da-rang et le canal d'irrigation.

29 k., *Thui-phong*. Concession.

30 k., *Lac-thanh*. Barrage dans un site de montagnes.

Un banc naturel de roches coupe le lit du sông Da-rang et a été aménagé en barrage pour régulariser la lame déversante et pour diriger par gravité dans les canaux latéraux les eaux d'irrigation. Le canal du N., d'un développement de 30 k., se dirige vers le Bao-dai près de Tui-hoa. Le canal du S., long de 36 k., se perd dans le sông Ban-thach. Tous deux ont de multiples artères pour irriguer 19.000 hect. de plaine et assurer deux récoltes annuelles de riz.

37 k., *Thanh-ho ;* vestiges cham.

45 k., *Cung-so'n*, siège du huyên de So'n-hoà, ou une délégation exista de 1900 à 1904.

Dans les régions peu battues, on chasse le cerf, le chevreuil, le daim, etc.

48 k., sur la rive dr., *Tui-linh*, limite de la navigation dans la partie inférieure du cours du sông Da-bac, appelé en amont Krong Ba.

La route coupe une boucle du fleuve qu'elle retrouve au k. 63.

71 k., on quitte la province de Phu-yen pour celle de Kontum.

90 k., *Mroch*, tram.

103 k., Passage du Krong Ba au bac d'*Ainu*, sala. Le chemin se tiendra dorénavant sur la rive dr.

117 k., col de Ton-a.

131 k., *Cheo-reo* (a), ou mieux *Palei Chu'* sur la rive dr. et au confluent du Da Ayun et du Krong Ba, ancien poste cham en pays de langue malaisienne.

Aux environs, deux sanctuaires cham ruinés : 1º la tour de *Yang-mum* sur la rive g. du Krong Ba et à 1 k. 5 du poste; — 2º le temple de *Drang-lai*, à 4 k. sur la rive dr. de l'Ayun, petit sanctuaire çivaïte, élevé sur une terrasse; inscription de la fin du XIIº s. et de 1409 A.D. de Vira Bhadra-varman.

157 k., *Ya-sol*, à 230 mèt. d'alt.; sala.

166 k., tram. — La route s'élève rapidement.

188 k., tram de *Plei Piau*, sur le plateau Jarai.

193 k., rencontre de la route de Kon-tum à B. Me-thuot.

208 k., *Plei Tur*, dans le S. du plateau.

13. Qui-nho'n à Nha-trang.

238 k. Route desservie par un service quotidien d'autocar postal.
En cours de route, arrêt à Tui-hoa pour déjeuner.

La route s'embranche à la « Route mandarine « (R. Col. n° 1) au phu de Tui-phu'o'c (6 k.), puis au 10 k. 5 tourne au S., passe entre deux chaînettes boisées, et serpente pour atteindre (24 k. 5) le col de *Cù-mông* (245 mèt. alt.). Tram de Binh-phu, dans une région giboyeuse.

Cette barrière orographique marqua la frontière N. de l'état de Champa après la guerre de 1471, et devint vers la fin du XVI° s. la limite administrative des provinces de Binh-dinh et de Phu-yên.

Le chemin de fer projeté évitera ce massif granitique, qui se termine d'une façon abrupte sur la mer, et remontera vers l'O. la vallée du sông Ha-thanh pour atteindre la cote 87 et descendre par la vallée du sông Ba-lanh vers le littoral.

A la descente du col, traversée de la petite plaine de *Thach-khê* (31 k.) et de *Gò-dui*, au milieu de rizières, tachetées de bouquets d'arbres et de cocoteraies; fabriques indigènes de soie pékinée.

37 k. 5, la route laisse, à *Chành-tôc*, le sentier de montagne abrupt par le tram de Phu-khe, et s'infléchit vers la lagune dite de Cù-mông, fréquentée par les jonques des sauniers. — 42 k., les salines de Tuyêt-diêm.

De trois petits cols, on domine la baie de Phù-hôi et l'îlot du *Miêu-trung-thân*; temple élevé par le roi Gia-long en souvenir de ses fidèles officiers tués lors de la prise de Thi-na. (28 février 1801).

C'est de ce point que la flotte cochinchinoise partit pour surprendre « le port de Qui-nho'n » alors occupé par les Tâi-so'n.

Au dernier défilé, on laisse dans le S.-E. la presqu'île de Vung-lâm, aride, sablonneuse, bordée de cocotiers. Elle ferme à l'E. la baie de Xuân-dai, hâvre sûr et abrité.

53 k., *Trung-trinh*; 56 k., *Le-uyên* et leurs salines.

60 k., **Sông-câu** « Rivière du Pont », Résidence de France pour le Phu-yên, au milieu de belles cocoteraies, au bord d'une plage de sable, sur la baie de Xuân-dai, dominé au S. et à l'O. par de vertes collines. Église. Hangar d'avions.

A 2 k. 5 N.-O., *Phu-yên*, citadelle, siège des autorités annamites.

Ancien pays cham, bordé à l'O. de populations de langue malaisienne, releva
du Champa au IIe s. de notre ère et constitua une province de ce royaume que
les Chinois du début du IX[o] s. dénommèrent *Men-tou*.

Les Annamites ayant franchi le col de Cù-mông au XVI[o] s., battirent les
Cham en 1578 dans la vallée du sông Da-rang. Annexé à la Seigneurie de
Cochinchine par les princes Nguyên, ceux-ci créèrent le phu de Phú-yên (an)
en 1602 qui fut divisé en 2 huyên (Dông-xuân et Tui-hoa). La province forma
un doanh en 1803, un trân en 1808, un tinh en 1831, un dao en 1865, relevant de Binh-dinh, de nouveau, un tinh indépendant en 1876. Elle comprend
4 arrondissements : Dông-xuân, Tui-an, Tui-hoa, So'n-hoa.

En quittant le site enchanteur de Sông-câu, la route gravit
des hauteurs boisées. Panorama.

64 k., *Khoan-hau*, dans une petite anse, siège du huyên
de Dông-xuân, créé en 1602.

67 k., *Vung-lâm* et son annexe *Minh-hu'o'ng* sèment leurs
cases indigènes dans de superbes cocoteraies au fond d'un
mouillage sûr. Ce port principal du Phu-yên, ouvert au commerce par le traité du 25 août 1883, défendu au large par des
îlots rocheux, adossé à des hauteurs, présente avec ses panaches
de palmes un décor inoubliable. Groupement chinois exportateur.

ROUTE : Vung-lâm, à *La-hai* (13 k.), dans une plaine bien cultivée; *source*
hyperthermale (90°) de *Triem-du'c*. — A 30 k. N.-O., deux autres *sources*
chaudes, à *Ba-go* (75°) sur le chemin de Phu'o'c-lanh, et près de *Cai-vung*. —
La route doit se poursuivre sur le plateau de *Trà-kê* pour atteindre ultérieure-
ment la province de Kon-tum, vers *Mc-rak*, par le col de Doc-quit. Terrain
constitué par des roches éruptives où domine la basalte magnétique; terre
très fertile où sont cultivées de grandes variétés de plantes; sources abondantes;
pays sain.

71 k., *Xuân-dai*, à l'éperon rocheux, face à l'entrée de la
baie, à laquelle il donne son nom.

La route tourne vers le S.-O. et serpente aux flancs de collines
qui bientôt dominent le delta du sông Cái. Mangues renommées
du temple de Dá-tráng.

76 k., *An-tho*, siège du phu de Tui-an, ancienne résidence
des autorités provinciales du Phu-yên.

80 k., passage du sông Cai à *Cai-du'a* (bac).

89 k., *Cho' Ganh*, à 1 k. de la lagune de O-lang-dâm.

105 k., *Chinh-nghia*, hameau, petite chrétienté, sur le bord
d'une plage de sable. — En mer, l'île Verte, ou *Hòn Chùa* « île
de la Pagode »; il y a été relevé l'emplacement d'un petit
temple cham.

109 k., à dr., le mamelon isolé du Núi Chap-chai (390 mèt.
alt.). Tram de Phú-vinh.

A l'O., *Phu'ó'c-hâu.* — Champ d'atterrissage de l'aviation. — Terminus du canal d'irrigation.

115 k., *Nang-tinh*, à 3 k. de la mer, siège du Tui-hoa, huyên en 1602, promu en phu en 1835. Marché de Cho' Dinh. *Hôtellerie.*

Sur le mamelon voisin, la *tour* cham ruinée de *Nhan-thap*, haute de 15 mèt., élevée en briques; une seconde tour a disparu. Au pied de l'escarpément, une inscription, de la fin du IV⁰ s., contient une invocation à Çiva sous le nom de Bhadreçvara, gravée par ordre de Bhadra-varman I.

Sur l'estuaire, *Dong-trach*, petit port de jonques.
ROUTE. Tui-hoa à *Plei Tur* (208 k.), v. R. 8, et à *Kon-tum.*
A 30 k. en amont, à *Lac-thanh*, le *barrage* du sông Da-rang pour l'irrigation.

119 k., le lit du sông Da-rang, large de 1 à 3 k., encombré de bancs de sable, est un des plus sérieux obstacles de cette longue route d'Annam. (Bac difficile à l'époque des ouragans — octobre à décembre.) — Un pont en ciment armé de 900 mèt. est projeté.

120 k. 5, *Phu'o'c-lôc.* — La route se continue parmi les cultures diverses alternant avec les roches stériles, puis franchit le canal S. d'irrigation.

130 k., tram de Phu-thanh. Pont en ciment armé sur le sông Ban-thach. A l'estuaire de la rivière, *Phu-lac*, petit port.

134 k.. *Phu-khé* [P. T.].

Les montagnes se rapprochent; le paysage devient grandiose et farouche; on entre dans la zone de parcours des fauves.

137 k., *Hao-so'n*, à la hauteur et à 9 k. en ligne droite du cap Varella (Mui Mai). La route délaisse dans le S.-O. l'exténuant passage du Deo Ca (333 mèt. alt.) pour s'élever en serpentant sur les assises de l'imposant piton du *Da-bia* (708 mèt. alt.) et franchir la chaîne granitique (141 k. 5) au col *Babonneau*, par 159 mèt. d'altitude. A l'aspect sombre des pentes, à cette nature sauvage, succède aussitôt un paysage maritime de Côte d'Azur, une baie aux eaux bleues, la rade de *Vung-rô*, bon port, protégé du large par la petite presqu'île de Tuan-lê. Le phare du Varella est à la naissance de ce promontoire, à 7 k. à vol d'oiseau du col.

142 k. 5, tram de Phu-hoa, à la limite du *Phu*-yen et du Khanh-*hoa.*

La route sinueuse, taillée dans les roches primitives, descend en corniche vers le S.-O., laissant à g. l'impressionnant abîme de la mer à 100 mèt. en contre-bas.

146 k., près du rivage, le rocher *Hòn Nu'a* surgit de la mer transparente.

151 k., *Dai-lanh*, au pied du col du Deo Ca, en vue de la baie de Binh-khoi.

155 k., escalade du *Deo Cô-ma* « col du Cou du cheval » Dans le S., s'allonge la presqu'île de Port-Dayot, dont l'excellente rade est à 16 k. de là.

163 k., *Tu-bông*, tram, poste, au N. de la baie de Ben-goi; *source* thermale.

La route, laissant l'ancien sentier dans la grève, longe la montagne à flanc de coteau jusqu'à Gia. Dan :la baie, un chapelet d'îlots suit parallèlement la côte.

171 k., pont de Binh-trung.

177 k., *Gia*, ou *Van-gia*, petit port de pêche, marché, avec une colonie de Chinois, au pied du massif du Salaco (1.230 mèt.) siège d'un district. — Tram de Hoà-lang. — Terrain d'atterrissage pour avions.

193 k., tram de Hoà-huynh, à 3 k. de la baie de Hòn-khói, dominé par le massif de la *Mère et l'Enfant* (2.050 mèt. alt.) et de ses ramifications.

Dans la région, le tigre, la gazelle, le paon, le coq et la poule sauvages, la caille.

Dans l'E., la petite presqu'île de Hòn Khói, avec un sommet de 151 mèt. d'alt., la rade profonde et sûre du même nom, fréquentée par quelques vapeurs. Les salines de *Dong-hai*.

197 k., *Ninh-dinh*. Sur la g., la route de *Hon Khói* (12 k.), par les salines de Phu-tho. — Dans le S.-E., la presqu'île du Mont Hòn Heo ferme la baie de Binh-cang.

204 k., *Mi-hiêp*, dans les aréquiers et les bambous, siège du phu de *Ninh-hoà* sur la rive dr. du sông Dinh. Pont. Délégation. Tram, de Hoa-mi. Marché de Cho' Dinh, avec une colonie de Chinois du Sud, fréquenté par les indigènes du Darlak (peaux, feuilles d'arec, bois d'aigle).

Ce centre est situé dans une petite plaine bien cultivée, enserrée de près par de hauts contreforts de la Cordillère, noirs de forêts.

Pays de Yà Ru sousl es Cham, transcrit en Nha-ru, puis en Nha-phu. Les seigneurs de Cochinchine, au XVIIIe s., en firent le district de Ninh-hoà.

207 k., *Tan-kieu*. A g., la route de *Bên-do*, petit port sur la baie de Binh-cang.

208 k., deux bras de la rivière de Bên-do. — 210 k., *Phan-*

tinh, marché, au pied du petit col de Ro-tu'o'ng (214 k.), d'où l'on a une vue sur la baie.

La route en remblai s'enfonce dans une plaine marécageuse, semée de palétuviers. Quelques bouquets de palétuviers.

On se rapproche de la mer dont la vague déferle sur les rochers qui marquent l'entrée de la baie. *Cat-loi*, gros marché; tram de Hoa-cat.

Une gorge mène au col des *Barriçades*, peu élevé (85 mèt.).

Une descente en corniche conduit dans la lande broussailleuse et sablonneuse, bosselée de quelques mamelons rocheux.

238 k., *Nha-trang*, au delà du sông Cai.

14. Nha-trang.

Nha-trang « Maison blanche » est élevée en façade sur la mer et sur la rive dr. du sông Cai, à 409 k. de Sài-gòn et à 172 k. de Sông-câu. Résidence de France pour la province de Khanh-hoa, dont les autorités indigènes siègent à 11 k. de là. Belle plage de sable.

Institut Pasteur. Ruines de Pô Nagar. *Hôtellerie.* Terrain d'atterrissage pour avions en bordure de la mer et à 1 k. au S. du bourg.

Gare du chemin de fer, à 6 k. (direction Ba-ngoi et Sài-gòn)

A l'époque du royaume Cham, ce bassin côtier formait le pays de *Kauthâra* (nom transcrit par les Chinois en *Kou-tan*); au S., la principauté de Panduranga lui était limitrophe.

C'est ici que fut recueillie la pierre inscrite de Phu-vinh, dite de Vo-canh. Cette stèle, du IIIe s. A. D., une des plus anciennes inscriptions sanskrites connues, rappelle une fondation d'un descendant du roi Çri Mâra.

Au XVIIe s., les Annamites de Hué s'emparèrent de ce pays cham et y constituèrent le doanh de Thái-khang (jusqu'à la rivière de Phan-rang) en 1653, changé en Binh-khang sous les Tây-so'n, en trân de Bình-hoà, en 1808, sous Gia-long, en tinh de Khanh-hoà, en 1832 sous Minh-mang.

L'époque des fortes *pluies* est de fin octobre à décembre.

L'*Institut Pasteur* est installé au bord de la mer. L'établissement fut créé en 1895 par le Dr Yersin, l'auteur de la découverte du microbe de la peste bubonique, expérimentée à Hong-kong en 1897.

C'est depuis 1904 une annexe de l'Institut Pasteur de Sài-gòn. Laboratoire de microbiologie animale. Préparation de vaccins microbiens, de sérums thérapeutiques pour les services indochinois.

PO NAGAR

Sur la rive g., se dresse le groupe des sanctuaires de **Pô Nagar** « la Dame de la cité », élevé sur un mamelon granitique et objet d'une grande vénération de la part des indigènes.

On a relevé l'emplacement de sept à huit édifices, et quatre d'entre eux sont encore debout. Les inscriptions et le style différent des tours permettent de dire que des sanctuaires

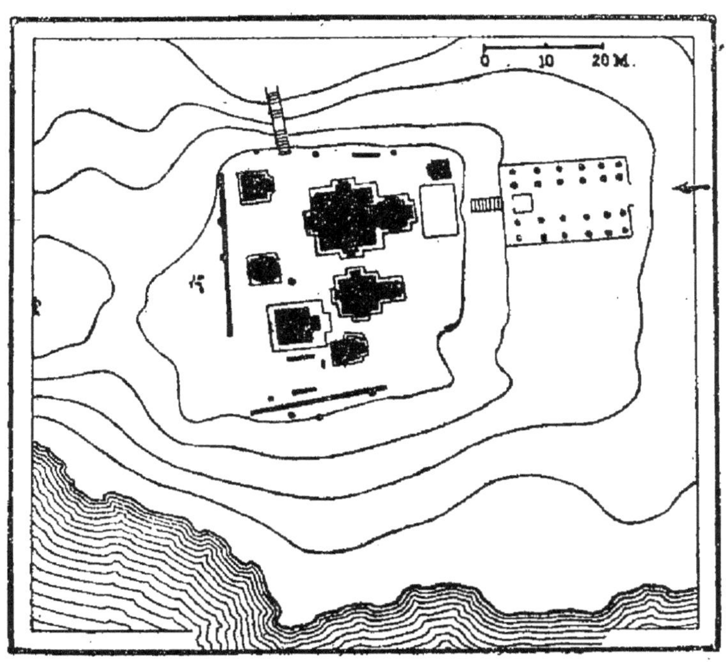

NHA-TRANG. LES SANCTUAIRES.

y furent construits ou réédifiés du VIIe au XIIe s. Le grand *temple N.*, un des principaux lieux de culte des Cham (IXe s.), est encore remarquable par son architecture et sa conservation.

Il s'élevait autrefois sur ce plateau un temple çivaïte central, accompagné au N. et au S. de petits sanctuaires. Le tout fut brûlé en 774 A.D. par une armée navale malaise, venue probablement de Çri Vijaya (Sumatra). En se retirant, les pillards emportèrent la divinité, un linga de Çri Çambhu (début du VIIe s.), à visage de métal précieux. C'est le plus ancien renseignement que nous possédions sur l'histoire du site religieux.

Ce groupe de sanctuaires, ouverts à l'E. comportait : au pied du mamelon une « tour d'entrée », dont les fondations ont été retrouvées dans le cimetière européen; — au tiers de la montée, une « grande salle à piliers », réunie au plateau par un « escalier très raide »; — sur le mamelon, un « bâtiment transversal » en construction légère, précédant les deux édifices principaux, la Tour C. et la Tour N. (la grande Tour)·

Des travaux de consolidation ont été entrepris en 1907, en attendant la restauration de quelques-uns de ces sanctuaires, et des fouilles ont fait découvrir de petits dépôts sacrés (lames, morceaux et objets d'or et d'argent) sous les Tours O., N.-O. et C. et au sommet de la Tour C.

Pour l'étude du groupe des « sanctuaires de Po Nagar », on voudra bien se reporter aux travaux de M. H. Parmentier, in BEFEO, de 1902 et de 1906.

Trois temples se présentent sur le bord oriental du plateau : le sanctuaire C., qui doit reposer sur des assises anciennes flanqué au N. par le grand temple de Pô Nagar, et au S. par une petite tour. En arrière, se dresse la tour N.-O. et les fondations d'une tour O.

La *Tour Centrale* a été élevée au XIIe s. à l'emplacement du temple primitif (VIIe s.), avec quelques matériaux de réemploi, dont un des piédroits de « l'entrée splendide ».

L'ancien sanctuaire, brûlé en 774 par les pirates malais, fut relevé en 784 par le roi Satya-varman, qui réédifia un *mukhalinga*, puis au XIIe par le roi Jaya Indra-varman.

Cet édifice, d'une époque assez tardive, est exécuté avec moins de fini que les anciens monuments qui le flanquent; la brique y est petite et moins bonne. Il est à peu près du même plan que la tour N., mais son ornementation est plus sobre; son toit est une simple pyramide à pans curvilignes sans étages à gradins, sans pilastres ni ornements.
À l'intérieur, les représentations çivaïtes, enrichies de mukhalinga, de diadème, les revêtements d'argent des autels ont disparu; la statue a été remplacée par une pierre, honorée comme un linga, mais qui n'est qu'un fragment de couronnement de tour.

La grande **Tour Nord** haute de près de 23 mèt., est l'édifice principal du plateau. Cette construction est le type parfait de l'architecture cham, caractérisée par ces *kalan*, sanctuaires en maçonnerie voûtée, quadrangulaires, élevés en forme de tours et terminés en pyramide.

Ce sanctuaire N. fut élevé en 817, comme pendant au temple primitif C., par le senâpati Pangro, ministre de Hari-varman I. C'est l'édifice dit de Çrî Maladâ Kauthâra. Le bienfaiteur y érigea une statue de pierre à Bhagavatî, a déesse de Kauthâra, en remplacement d'une plus ancienne, « célèbre dans le monde entier, qui avait été détruite », puis construisit deux autres temples, l'un à Sandhaka (Çiva), l'édicule S.; l'autre à Ganeça, le sanctuaire N.-O.

En 918, Indravarman III éleva une statue d'or (mukhalinga) à Bhagavatî qui fut volée par les Khmèr; aussi, en 965, Jaya Indra-varman I la fit remplacer par une figure de pierre, celle de Ûmâ, encore en place.

Le sanctuaire N. est constitué par un étage carré, à murs verticaux sur la moitié de sa hauteur totale, surmonté de trois étages bas, décroissants, en retraite l'un sur l'autre, formant pyramide à gradins et servant de base à un amortissement terminal.

Extérieur. L'édifice n'a qu'une entrée, située sur la façade E. Les trois autres faces sont décorées de *fausses portes* d'un assez fort relief et de hauts pilastres, accouplés deux à deux, peu saillants, à bases et chapiteaux composés de moulures identiques, mais inversées, système décoratif très caractéristique de l'architecture cham.

Les fausses portes se détachent du mur et avancent vers le spectateur par deux saillies successives et décroissantes; elles sont encadrées du même système de pilastres et se terminent en tympans ogivaux d'une courbure particulière, l'arc, très aigu, au sommet, s'élargissant à la base et ne retombant sur le pilastre d'appui que par un nouveau retour, ce qui donne à l'ensemble l'aspect d'une feuille en cœur.

Les pilastres et fausses portes s'appuient sur un soubassement ingénieusement décoré de moulures; à la base de chaque couple de pilastres est disposé un ornement spécial rappelant comme les tympans des fausses portes, la forme d'un feuillage en cœur et désigné sous le nom de *pilettes*. Quelques-unes de ces pilettes sont ornées de feuillages sculptés, les autres attendent — depuis le IXe s. — cette décoration. Entre les piliers des fausses portes, la pilette est remplacée par une figure taillée en demi-relief dans la brique, représentant une femme aux mains jointes, coiffée d'une mître.

Au soubassement, au sommet de ce premier étage rectangulaire de l'édifice, correspond un entablement de même caractère, relevé aux angles par des figures en saillie ou acrotères, au-dessus duquel s'élèvent successivement les trois étages en retrait l'un sur l'autre, qui forment la pyramide terminale· L'ordonnance décorative de ces trois étages est la même que celle de l'étage droit : pilastres accouplés, fausses portes à tympan ogival et entablements à moulures ; le tout très réduit en hauteur. Mais la silhouette de cette ordonnance est beaucoup plus pittoresque et l'ensemble beaucoup plus riche. C'est qu'outre les acrotères multipliés aux angles des entablements, chaque étage est accompagné, aux quatre angles de pinacles ou petites pyramides d'un profil très accidenté; enfin, sur les quatre faces, entre les pinacles et les fausses portes, sont sculptés, au premier et au troisième gradin de la pyramide, de grands oiseaux aux ailes éployées; au deuxième gradin, des cerfs portant des colliers à grelots.

Sur le dernier des gradins s'élevait le sommet de la pyramide, composé d'une pile centrale flanquée de quatre petits pinacles et supportant une pierre taillée ogivalement en forme d'obus.

Tel est le principal sanctuaire du groupe de Pô Nagar. Si l'œil et l'esprit de critique de l'observateur européen, habitué à l'analyse de monuments soit d'architecture classique, soit des beaux et vivants édifices dus à l'art gothique, sont un peu déroutés de prime abord par cette esthétique nouvelle et très spéciale, il est incontestable, toutefois, que l'examen attentif des éléments qui la composent explique assez facilement l'impression première qu'elle ne peut manquer de produire. On y trouve, en effet, avec l'élégance et l'harmonie des proportions, la fidélité à des règles précises, un heureux ensemble des caractères qui, dans tous les genres d'architecture et même dans tous les arts, réalisent ce que l'on entend par la « pureté de style ».

Intérieur. Le chemin intérieur allant au sanctuaire, comprend une porte E. faisant saillie, un vestibule terminé par un toit en pyramide, puis une salle carrée.

Au-dessus de la porte, Çiva aux quatre bras, le pied posé

sur la tête de Nandin, danse entre deux musiciens. L'entrée
est encadrée de deux piédroits de pierre rectangulaire, couverts
d'inscriptions qui, ainsi que celles des parois du vestibule,
ont été étudiées par Bergaigne (1893) et Aymonier (1891).

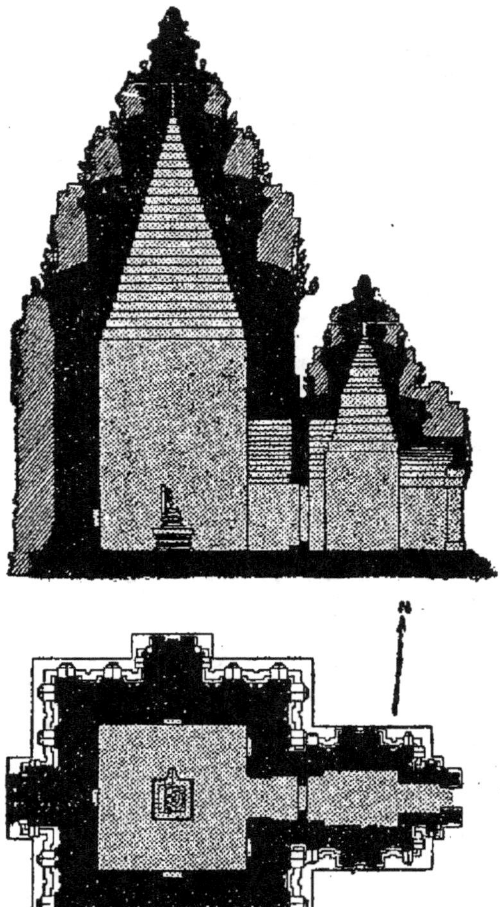

Le grand sanctuaire
de Pô NAGAR
Coupe et plan.
d'après H. Parmentier.

On arrive dans la salle unique qui occupe la tour. Très
haute, ses parois s'élèvent verticalement jusqu'au niveau de
l'entablement extérieur, sans aucun autre ornement que la
porte d'entrée, et, sur les trois autres faces, trois petites niches

peu profondes, destinées à recevoir des lampes, aérées par des cheminées dissimulées. Sans transition, sans corniche ou entablement d'aucune sorte, la voûte prend la forme pyramidale du sommet extérieur, par la simple disposition des assises de briques avançant l'une sur l'autre.

Au centre de cette salle obscure, sur un piédestal accompagné d'une pierre à ablutions est la statue de la déesse du lieu. Sous les traits de *Pô Nagar*, elle représente *Bhagavatî* « la Bienheureuse », une des formes de *Umâ*, la çakti de Çiva :

« Resplendissant d'éclat, avec son corps qui est d'une beauté étincelante grâce à de magnifiques enduits d'or, avec la beauté sur le lotus de son visage, toute brillante de joyaux, avec des joyaux sur les disques de ses joues, la déesse de Kauthâra donne à ses suppliants ce qu'ils désirent. Avec la beauté de ses cheveux d'or rehaussés par l'éclat du bijou qu'elle porte sur la tête, avec ses oreilles qui étincellent et qui pendent sous le poids des joyaux aux rayons splendides, la fortunée Bhagavatî, qui demeure dans le voisinage de Kauthâra et de la mer, a brillé dans les trois Mondes. » Telle était la description admirative de la protectrice du pays, dont la représentation brillante fut enlevée par les Khmèr (Xᵉ s.) et remplacée par la statue actuelle.

La figure d'*Umâ*, en pierre noire, est assise les jambes croisées, à l'indienne. La déesse a dix bras : les deux antérieurs sont étendus de telle sorte que les mains viennent s'appuyer sur les genoux, la paume en dessus dans le geste du don et de l'absence de crainte; les huit bras supplémentaires tiennent les attributs suivants : un poignard, un disque à poignée, une flèche, un croc à éléphant, un disque évidé, une conque, une lance, un arc. La divinité, vêtue d'un sarong, coiffée d'un mukuta, couverte de bijoux, est appuyée sur un dossier, orné de moulures sortant de la gueule d'un animal monstrueux.

La *Tour Sud*, dans le même alignement que la précédente, est un édicule d'un type particulier, élevé sur les fondations d'un petit sanctuaire plus ancien.

L'édifice est couvert d'une toiture à deux pignons ou tympans en ogive surbaissée; les murailles sont nues et toute la décoration consiste en un soubassement et une corniche de la plus grande simplicité. La paroi S. du couloir est inscrite.

Le sanctuaire abrite un *linga*, sans piédestal. Sous Harivarman I (IXᵉ s.), le dieu représenté était Sandhaka (Çiva).

Sur un second alignement : La *Tour Nord-Ouest* s'élève en arrière du grand Temple. Elle est de dimension petite, mais est riche d'ornementation. La toiture est à deux versants et à deux tympans, orientée en sens contraire à l'édifice, surélevée sur un étage en retraite, contourné de quatre pinacles élégants. Le sommet pyramidal a disparu.

Le sanctuaire ne possède plus qu'un piédestal, sans idole; cependant, au début du IXᵉ s., un Ganeça avait été dressé.

La *Tour Ouest*, ruinée jusqu'au sol, peut être le temple de Maha-deva élevé par le roi Vikrânta-varman (1ʳᵉ moitié IXᵉ s.).

ROUTES : 1º Nha-trang à *Khánh-hoà*, 11 k. O., en remontant la vallée du sông Cao, aux bords couverts de hameaux et de cultures. — 5 k., la gare; — 9 k., le siège du phu de Dien-khanh; — 11 k., la citadelle de *Khanh-hoà* siège des autorités annamites provinciales.

La cité officielle fut élevée (fin 1793) par Olivier à l'emplacement du fortin de Hoà-bông. La place, alors appelée Duyên-khânh, fortifiée à la Vauban, fut construite en un mois; on y employa les troupes disponibles et 4.000 habitants du pays. Le 23 avril 1794, les Tâi-so'n débarquèrent à Nha-trang et firent aussitôt le siège de la forteresse (2 mai). Le prince Canh et son précepteur Mgr Pigneau de Behaine y étaient enfermés. L'ennemi, fort de 15.000 h., tenta trois assauts, lança 900 boulets sur la place et tint le siège pendant 24 jours, jusqu'à l'arrivée de l'armée de secours. — En novembre 1794, nouvelle arrivée des Tâi-so'n qui investirent la ville. Son défenseur, Vu-tinh, dut soutenir un siège de 9 mois.

Au delà, par bonne route, la plantation de *Cam-so'n* (8 k.), hévéas, riz, cafés, canne à sucre; — les plantations de *Dông-trang* (10 k.) sur la rivière, hévéas, cafés, cacaos, cocotiers.

2° Nha-trang à *Suôi Dau* 18 k. S.-O., plantations de l'Institut Pasteur. — Au delà, le *Hòn Ba*, 15 k. au pied de la montagne, plus l'ascension jusqu'à la petite station d'altitude.

3° Nha-trang à *Chut*, 6 k. S., en vue du mouillage d'été, et à *Cu'a Bé* (8 k.), en longeant la baie. A 5 k. S., une coulée de ryolite au bord de la mer.

Cau-da. Laboratoire de recherches océanographiques : exploration biologique des mers; études scientifiques et techniques se rapportant à l'industrie des pêches.

4° Nha-trang à l'île *Tré* (6 k. par jonque). Phare (17 k. E.).

5° Nha-trang à *Ninh-hoa* (34 k. N.) (v. R. 13), d'où part la route du Darlak (v. R. 15).

15. Ninh-hoà à B. Me-thuot.

152 k. Route en pays de langue malaisienne.

Ninh-hoa. La route, sur la rive dr. du sông Dong, passe sur la rive opposée au k. 3.

10 k., *Binh-nguyên*, dernier village en pays annamite.

24 k., *Suôi Trinh*, tram. — Dans le N., la chaîne du Yok-kao, dont un sommet atteint 900 mèt.

38 k., col, puis *B. Mâ*, tram. — La route se poursuit dans un admirable cadre de montagnes aux crêtes boisées et de ravins aux torrents clairs.

44 k., col de Yok-kao, resserré entre les cimes des monts du Kauthâra, à 540 mèt. d'alt. — A 13 k. N.-E., se dresse la dent du massif de la Mère et l'Enfant (2.100 mèt.), soulèvement d'origine éruptive sur le pourtour duquel apparaissent des appareils volcaniques bien conservés.

On entre dans le bassin du Krong Ba, ou sông Da-rang; passage facile, accessible en pente douce, par une bonne route et même pour une voie ferrée parallèle à la mer.

50 k., *Barang*, tram en pleine montagne, dans l'étroite vallée du Krong Hin, affluent du Da-rang.

Le chemin pénètre dans un nouveau défilé, aux pentes montagneuses recouvertes par la forêt. Au delà, on entre dans la « terre des herbes » des hauts plateaux bosselés du Darlak.

56 k., *Medrac*, poste installé en 1904 sur un mamelon herbeux, dans le pays des Malaisiens Blau. — Tram Ea-hi.

Dans l'E., le massif du *Tieu Yang-mièn* « Mont de la génie enceinte », que les Annamites appellent *Nui Vong-phu* « Montagne en attente du mari ». Vue du large, se détachent deux cimes sur le ciel : un énorme monolithe de granit, puis une aiguille plus petite, qui ont fait donner à ces sommets le nom de « la Mère et l'Enfant ».

La mission géodésique n'ayant pu gravir la roche terminale a établi le « signal » à son pied par 2.024 mèt. d'alt. près d'une grotte qui s'ouvre dans le roc. La haute aiguille est visible dans un rayon de plus de 40 k. De ce point la chaîne massive court dans le N.-E. sur 65 k. de développement et va finir à pic sur la mer par le cap Varella.

Dans le S., le *Tieu Ba* tombe presque à pic sur le plateau de Medrac.

61 k., *Ea Tlu'*, tram à la frontière du Khanh-hoa, puis on entre dans la province de Darlak.

80 k., *Ya Ti* (Ea Ti), sala, dans le versant de l'Ea Krong du bassin du Krong Ba.

94 k., *A-tep*, d'où par temps clair on peut distinguer la chaîne de la Mère et l'Enfant.

99 k., *Chu-kuk*, sala.

110 k., *Bai-blum*, chez les Radé Ktul, sur le Krong Buk, l'une des branches du Sre-pok cambodgien. Pays de terre rouge, d'origine volcanique, herbeuse, parfois marécageuse, d'où s'enfuient des aigrettes, des bécassines, de grandes grues Antigone, des paons.

120 k., *Ya Kvong*, tram.

152 k., *Ban Me-thuot*, dont les habitations sont disposées sur les pentes d'un vallon.

DARLAK.

B. *Me-thuot*, siège provincial du Darlak, chez les Radé de la tribu des Kpa, dans la partie la mieux cultivée et la plus peuplée du plateau.

Le Darlak relevait autrefois du gouvernement lao de Ba-sak. En 1893, il fut une dépendance du commissariat lao de Stung-treng et forma en 1900 le commissariat du Darlak. La province fut rattachée à l'Annam en 1904.

Le Darlak est un vaste plateau de nature basaltique, constituant le bassin supérieur du Sre-pok sous-affluent du Mé-khong.

Cette région est adossée aux chaînes issues du Lang-biang, élevées de 700 à 1.500 mèt., creusées de vallées étroites, couvertes de forêts; elle s'étend vers le N.-O., en une longue étendue d'ondulations couvertes d'herbe paillote et de taillis avec une altitude moyenne de 400 à 600 mèt., relevée à 1.000 mèt. et plus dans le N.

Deux rivières principales reçoivent les eaux du plateau : le Krong Knô qui coule dans la zone montagneuse, le Krong Buk qui draine les eaux du petit lac Tak-lak.

Les populations de la province relèvent de deux grands groupes ethnolinguistiques, le malaisien (Radé, Jarai, Pi), et l'indonésien (Mnong, Rlam, Gar, Kil).

La saison sèche est ici de novembre à la mi-avril. Éviter les arrêts près des marécages pour ne pas subir les piqûres des moustiques.

ROUTES :

1. *B. Me-thuot* à *B. Don* (55 k. N.-O.).

Les villages, en pays Radé, sont assez nombreux sur la première moitié de la route. — 11 k., *B. Me-hhun*. — 20 k., *B. Tur*. — 28 k., *B. Die-me-pih* (340 mèt. alt.). — Le chemin se continue dans la forêt clairière déserte, au sol rocheux, coupée de marais inondés.

55 k. *Ban Don*, hameau lao et indonésien (Mnong Pu-thong), dans la partie occidentale du Darlak, sur la rive dr. du Sre-pok, large ici d'une centaine de mètres.

Ce site, au milieu des bananiers, des manguiers, des papayers, fut le premier siège du commissariat du Darlak (1899-1900). Centre fréquenté par les chasseurs et les acheteurs d'éléphants.

De B. Don à la tour cham du *Ya Liao* (36 k. N.) en pays Jarai, dans une région de forêt clairière, à 200 mèt. d'alt.

Ce monument en briques, orienté à l'E., est un carré de 5 mèt. de côté. La divinité est un linga, portant sculptée une tête mitrée. Deux inscriptions. Ce temple çivaïte fut érigé à la fin du XIII° s. par le roi cham Jaya Simhavarman III.

2. *B. Me-thuot* à *B. Tur* (26 k. S.).

La route est en pente douce et coupée de marais. Chevreuils, bécassines.

13 k., *B. Mgnao*. — Dans le S.-O., à 5 k., le lit du Sre-pok est barré de roches schisteuses, volcaniques. Plusieurs rapides et sept chutes successives, dont le Draé Nur d'où le fleuve se précipite en une magnifique cataracte de 15 mèt. de haut. Sur la rive opposée, *B. Mdur*, village Mnong aux belles huttes sur pilotis, perchées sur les dernières déclivités du *Tieu Lu*. — En aval, la chute de Riing-ba tombe de 10 mèt. de haut, proche de *B. Dié-ma-pak*.

26 k., *B. Tur*, chez les malaisiens Pih.

A 2 k. au S., *B. Trap*, sur le Krong Buk.

3. *B. Me-thuot* à *Phimun* (174 k. S.-S.-E.).

B. Methuot. — Le chemin est tracé sur un plateau de terre rouge, monotone, herbeux.

14 k., *B. Tiet*, village Radé près d'un marais.

28 k., passage du Krong Hana (ou Buk), aux rives inondées pendant la saison des pluies. De l'autre côté, *B. Melup*, dernier groupement Radé s'étage sur une hauteur boisée.

Le chemin arrive à un col (36 k.) d'où l'on découvre la plaine lacustre de Tak-lak.

49 k., *B. Jiun*.

55 k., *Me-bac*, poste élevé sur un mamelon au S. du lac.

La nappe d'eau, de 3 k. sur 2 k. et peu profonde en saison sèche, s'étale en petite mer, parfois déchaînée, pendant la saison des pluies. Cette plaine cultivée en rizières est encerclée de hauteurs qui montrent à l'E. un pic aigu. Elle est habitée par les Indonésiens Rlam, sales, à la chevelure mal peignée. Ceux-ci élèvent leurs huttes sur pilotis.

B. Dé, dans un cirque de montagnes.

Le chemin gravit les premières hauteurs boisées dominées au S. par des pics bleuâtres.

B. Lé, premier village des Indonésiens montagnards.

Par une série de cols, on arrive dans la vallée étranglée du Krong Knô « fleuve mâle ».

Au delà le chemin serpente entre des hauteurs pressées, jusqu'au poste de *Juikra* (96 k.) à travers un pays pittoresque et giboyeux.

La route projetée doit escalader la ligne de faîte du bassin du H' Dông-nai et aboutir à *Phimun* (174 k.) sur la route de Djiring à Dalat.

16. Ban Me-thuot à Kon-tum.

246 k., par Me-yach. R. Col. 14.

B. Me-thuot. — La route a une direction générale N.; elle suit la ligne de faîte, séparant les eaux du Krong Buk de celles de la moyenne Sre-pok, dont les ondulations s'élèvent insensiblement.

22 k., *B. Gran-yu*, sala.

40 k., *Me-yach*, sur le Krong Buk, poste de milice à 700 mèt. d'alt. chez les Radé Atham. Sala.

67 k., *B. Kril*, au pied du Tieu Bao d'où descend vers le S. le Krong Buk; sur l'autre versant les eaux se déversent dans le Da Ayun (sông Da-rang).

Piste sur *P. Chu'* (Cheo-reo, 45 k.) à travers un pays fortement ondulé habité par les malaisiens Krong.

La région, bosselée de dômes, est couverte d'herbe paillote et d'arbustes rabougris.

96 k., *B. Da.* On entre sur le versant du Ya Liao, affluent du moyen Sré-pok.

Au S., un chemin direct sur *B. Me-thuot* (76 k.).

Dans l'E., une ligne de partage des eaux court parallèlement à la route et à la vallée du Ya Liao. On passe la rivière par 470 mèt. d'alt. et on s'engage dans la forêt-clairière au sol semé de cailloux volcaniques. Traversée d'un contrefort du massif volcanique du Tieu-drai, au N. duquel commence le pays Jarai.

113 k., les villages de *P. Ksam*, sur le Ya Liao. Sala *Ea Leo*.

Traversée d'une vaste dépression couverte d'herbes, de forêt-clairière. Dans l'E., court une chaîne de collines, puis le Ya Liao prend une direction O., tandis qu'au N., le sol de grès schisteux se bosselle.

131 k., *P. Kenh*, dernières agglomérations du Darlak septentrional.

A la frontière des deux provinces, la vue embrasse un vaste horizon : vers le N., c'est le plateau avec quelques mamelons; à l'O., se dresse le massif isolé du Tieu-don, au pied duquel est la résidence du Sadète de l'Eau.

Les villages jarai se font de plus en plus nombreux au bord des ruisseaux, affluents du Ya Liao.

140 k., *P. Tur*, poste fortifié à 395 mèt. d'alt., dans une région peuplée, turbulente et guerrière.

Le poste fut créé, en mai 1904, après l'assassinat de l'administrateur Odend'hal (7 avril 1904). Le 9 mai, l'administrateur du Dar-lac arrivait sur les lieux avec 34 miliciens et 225 partisans devançant de 48 heures la colonne de répression. Celle-ci, venant de Cheo-reo, forte de 150 miliciens, occupa la contrée et arrêta les fauteurs de désordre.

Cette région est habitée par des peuplades turbulentes, habituées à vivre d'une vie nomade et libre, livrées à leurs instincts pillards. Malgré plusieurs leçons infligées par les colonnes Vincilioni (1904), Berner (1908), Guénot (1909) autour de P. Tur, Sauvalle (1908), au N. d'An-khé, etc., les malaisiens Jarai du plateau restent rebelles; ils ne croient qu'en leurs « dieux rouges ». Ce n'est qu'avec le temps qu'on viendra à bout de leur férocité. En attendant, un plan d'occupation doit être dressé par l'implantation sur ces plateaux de colonies annamites solidement installées, soigneusement surveillées, en admettant que l'acclimatement des Annamites de la plaine soit possible en montagne sans trop de déchets.

A 5 k., était le village du *Pâtau Pui* « du Sadète du Feu ». Le site fut visité par le cap. Cupet en 1891. C'est là que fut assassiné, le 7 avril 1904, l'administrateur Odend'hal, chargé d'une mission archéologique.

A 10 k. S.-O., la résidence du *Pâtau Ya* « du Sadète de l'Eau », dans la vallée du Ya Lop.

Les *Pâtau* jarai. — Dans les environs, résidaient autrefois les Sadètes du Feu, de l'Eau, du Vent. Les deux premiers étaient les dignitaires les plus craints et les plus renommés; ce n'étaient pas des rois, mais des chefs sorciers qui passaient pour des génies commandant aux éléments; leurs offices étaient héréditaires dans des familles déterminées et leur pouvoir passait non au fils mais à un frère cadet ou à un neveu.

L'ancienneté de leurs fonctions et de leurs pratiques magiques, la réputation de leur puissance étaient connues des pays voisins. Le roi du Cambodge envoyait tous les trois ans, par Kra-cheh (charte de 1601), des présents au « maître du Feu » et au « maître de l'Eau » pour rémunérer les services rendus par les deux *pâtau* Jarai, soit comme gardiens de la frontière, soit comme dispensateurs de la pluie et du beau temps.

Le *Pâtau Pui* « maître du Feu » détenait l'épée sacrée qui fut remise aux ancêtres par Ya-pôm, l'esprit supérieur. Ce talisman produisait le feu, l'obscurité, la mort.

Le *Pâtau Ya* « maître de l'Eau », au contraire, gardait le fourreau. Ce fétiche avait la vertu d'éteindre les ardeurs du glaive sacré, de préserver, et dans certains cas de ressusciter les êtres.

M. Finot a écrit les dernières journées de l'administrateur Odend'hal chez les Jarai et sa visite aux Sadètes (1904) :

« Le chef de Palei-Kueng consent à servir d'introducteur à l'explorateur auprès du Sadète de l'Eau et après de laborieuses négociations le Pâtau Ya accepte l'entrevue demandée. Odend'hal a rapporté cette scène sur ses notes :

« Une longue théorie de sauvages. En tête, un vieillard s'appuyant sur un bâton, vêtu d'une tunique à ramages rouge et jaune. Portrait du Sadète : 55 ans, plus de dents, un peu sourd; paraît bon enfant, mais borné. Il n'a pas son langouti rituel. Derrière lui vient une femme en toilette, puis le sacristain et une longue file d'hommes. On hésite un moment sur l'endroit convenable; enfin le choix se porte sur une petite clairière. On apporte une natte sur laquelle s'assied le Sadète; on coupe des feuilles pour moi... Je lui explique que la France ne veut que la paix et la liberté, que nous n'en voulons pas aux génies jarai... Le Sadète me dit qu'il est heureux de voir la guerre terminée, qu'il demande l'exemption d'impôts et de corvées pour ceux du village et le droit de circuler pour donner de l'eau au pays. Je lui dis qu'on s'entendra certainement. On apporte les cadeaux. La boîte à musique fait son bonheur. Pendant qu'on lui en explique le mécanisme, je puis regarder à mon aise les hommes qui l'accompagnent : 250 vigoureux gaillards; aucun n'a d'armes. Ceci est évidemment voulu, car dès qu'il sort le Jarai a ses armes... Je veux payer un buffle au village. Il faut consulter le village. Celui-ci fait grise mine à la proposition... Cependant, on a rapidement bâti un petit abri sur lequel on étend une couverture rouge apportée du village. Le Sadète se place dessous. En face de lui, on met la jarre de vin. Pendant ce temps on a rapidement fait cuire sur un feu de brindilles le poulet que j'ai apporté. Le sacristain à genoux devant la jarre l'emplit d'eau tenant la *cai-bat* à deux mains, puis enfonce le bambou, qu'il tourne vers l'E., c'est-à-dire à l'opposé du Sadète, qui est assis face à l'E. Avec une serpe il fend en deux le poulet et l'étale sur un *mo* en cuivre à sa droite. Le Sadète prend la place du sacristain, s'agenouille face à l'O., en disant une prière, pendant qu'à deux mains il verse les dernières écuelles nécessaires pour remplir la jarre. Sa femme et le sacristain agenouillés font les réponses. La prière recommence, semble-t-il, pendant qu'il arrache un peu de chair et une partie des entrailles de la moitié droite du poulet et les jette à droite, puis encore pendant qu'il recommence la même opération sur le côté gauche. Puis il sépare définitivement le poulet et me tend la moitié gauche; il me dit que cela signifie paix et amitié éternelles entre nous. Je repasse le poulet à un des Annamites. Pendant toute la cérémonie, les sauvages sont indifférents. Le Sadète se rassied ensuite sous la pièce d'étoffe rouge et boit, puis me tend le bambou : je décline, lui disant que je ne bois que de l'eau. La chose paraît l'étonner et l'amuser. On change le bambou; les Annamites, puis les sauvages boivent... Je prends congé et rentre au village de Miu'o'ng. »

Le lendemain 1er avril, Odend'hal fait une nouvelle visite au Sadète, cette fois dans son village même. Il remarque « l'accueil froid » de la population; toutefois il a avec le chef un entretien cordial. — Le 2 avril au matin, il envoie des messagers au Sadète du feu qui demeure « à une petite journée ». Reviennent ceux qu'il avait envoyés à la Mission de Kon-tum pour demander des éléphants afin de pouvoir sortir de cette région inhospitalière : le P. Vialleton, avec son obligeance accoutumée, annonce que ses éléphants se mettront en route le 4. Les deux jours suivants se passent dans une inaction forcée. Le 5, coup de théâtre imprévu : Odend'hal retourne au village de son ami le Sadète et le trouve désert; les habitants l'ont évacué la veille. Il cherche en vain ce qui a pu motiver cet exode bizarre et envoie des gens à la recherche des fugitifs Du Sadète du Feu arrive une réponse négative : « Il avait mis à sa soumission la condition que les présages seraient favorables : or les oiseaux ont chanté à gauche, rien de fait. » Pourtant le village se déclare prêt à le recevoir et lu envoie le bracelet qui, en pays kha, sert de sauf-conduit.

Le lendemain, la situation paraît s'améliorer : « 6 avril. A midi, mes émissaires annamites rentrent. Le village [du Sadète de l'Eau] réintègre; mais impossible de savoir à quel mobile il a obéi. Ah ! ces Khas ! Demain, tout le monde sera là. »

Le lendemain devait être son dernier jour. Tout le monde était là, en effet, pour l'assassiner.

Des lettres des PP. Vialleton et Guerlach nous ont appris ce qui se passa. A l'arrivée des éléphants, Odend'hal témoigna une vive satisfaction; il dit aux cornacs de l'attendre et partit vers midi pour se rendre chez le Sadète. Il avait avec lui son interprète Lê-quan-huy, trois marchands annamites, Miu'o'ng avec trois sauvages, enfin deux Laotiens qui conduisaient le buffle qu'il avait promis au Sadète dans leur dernière entrevue. En arrivant au village, on le pria de laisser le buffle hors de l'enceinte. Il fut ensuite conduit dans une maison où se trouvaient une cinquantaine de sauvages sans armes, qui l'entourèrent comme pour lui parler amicalement. Soudain, à un signal convenu, ils s'armèrent de bûches et l'assommèrent avec son interprète. Puis, les cadavres, percés de coups de lance, furent portés dans une case isolée où on mit le feu. L'un des trois marchands annamites put s'enfuir et apporta la nouvelle du meurtre au poste de Cheo-reo; les deux autres furent tués à la sortie du village. Les cornacs restés à Palei Miu'o'ng entendirent les cris féroces des sauvages. Peu après ils virent venir Miu'o'ng et ses gens qui leur dirent : « Le chef français est mort; les gens du Sadète l'ont tué «. Sur quoi, ils retournèrent à toute vitesse à Kon Tum. La nouvelle du crime parvint ainsi au Gouvernement par la Mission et par le poste de Cheo-reo. — Ainsi s'est terminée cette vie tout entière dévouée à un idéal de paix, de lumière et de bonté ».

157 k., sur la dr., par 550 mèt. d'alt., s'embranche la route de *Cheo-reo* (64 k.) et de *Tui-hoà* (185 k.) dans le Phu-yen.

166 k., *P. Tpan*, sala (660 mèt. d'alt.).

186 k., sur la g., le chemin de *Bo-kham* et de Vo'n-sai débouche sur le plateau de Plei Kû, par 950 mèt. d'alt. A l'O., la table du Ta Grong, un ancien cratère, à la limite des bassins du Sre Pok et du Se San, et d'où découle vers le N. le Mo'-tong.

195 k., *Plei Tai*, où fut créée en 1905 l'éphémère résidence de la « province moi dite de Plei Kû-der ».

197 k., sur la dr., un chemin de traverse de 42 k. rejoint avant Suoi-Doi la grande roule de Kon-tum à Qui-nho'n (R. 11).

200 k. *Plei Kû*, poste de milice fondé en 1909, à 785 mèt. d'alt. Il est situé au centre d'un pays peuplé, sur un vaste plateau de terre rouge d'origine volcanique, très fertile.

Cultures indigènes du sésame, sorgho, maïs, mil. Troupeaux de bœufs tachetés.

Plusieurs plantations de caféiers Arabica. Vaste plantation de théiers aménagée par la « Société des thés de Kon-tum ».

A cette altitude, le climat est agréable, la température ne dépasse pas 24° et le site est fréquenté par des Européens pendant la saison chaude.

ROUTE. 1° *Plei Kû* à *Suoi Doi*, 46 k.

Le chemin passe en aval du plateau et proche du *Kedeu*, marais que traverse la rivière Mo'tong avant sa flexure en deux chutes, l'une de 7 mèt. et l'autre de 20. Ruines cham. Cette région du haut Mo'-tong est habitée par les Go'-lar, apparentés aux Bahnar. — 27 j., *Plei Halang*, tram.

2° *Plei Kû* à Cheo-reo et *Tui-hoà* (228 k.).

Le plateau presque nu est d'un très faible relief; il descend en pente douce dans l'E. vers le Krong Ba.

212 k., le lac *Ya Nueng*, d'une longueur de 1.500 mèt., est une sorte d'effondrement dominé au N. par le Ta Ya-nôm. Cette nappe d'eau, poissonneuse, est un site respecté par les autochtones qui n'ont élevé aucun hameau sur ses bords. Dans le voisinage, des villages Jarai de la tribu des Habau; dans l'E., le hameau de *Tiên-so'n*, par 775 mèt. d'alt., chrétienté annamite; plantations de caféiers Arabica; dans la partie O., un second hameau annamite plus récent.

Passage du tortueux Ya Nhil, affluent du Krong Jal.

Taillis et bambouseries. Traversée d'un col, par 740 mèt. d'alt. entre le Ta Ya-nôm et le Ta Kdut, boisé; c'est la limite N. du plateau des Habâu. — Dans l'E., court une suite de collines.

Plei Ruê, à 680 mèt. d'alt., dernier hameau Jarai dans le N

224 k., *Ya Paing*, sala.

229 k., *Tra-huynh*, tram. Sur la dr., la route de Qui-nho'n.

246 k., *Kon-tum* (v. R. 11).

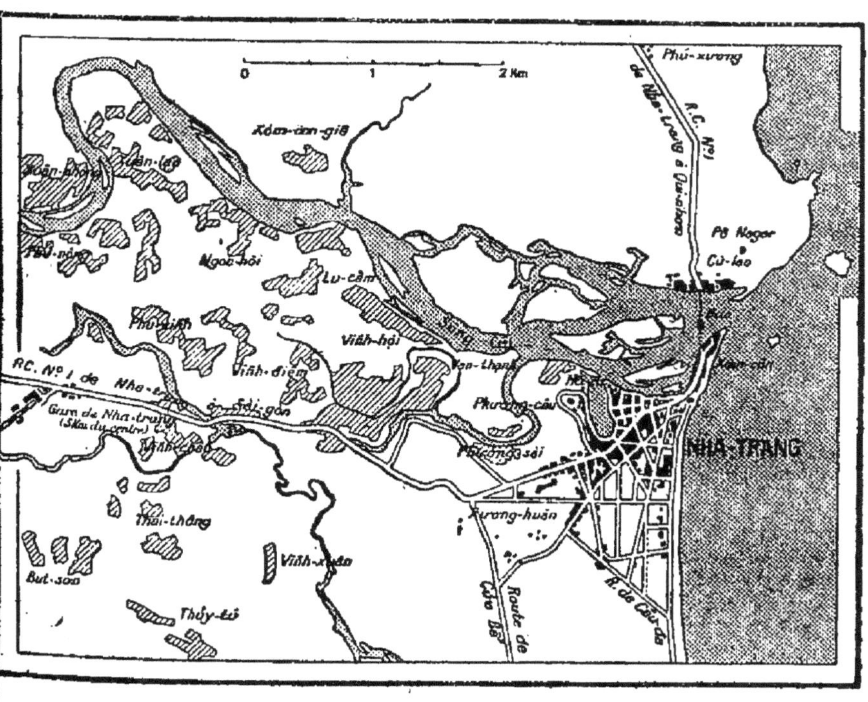

PANDARANG

Le pays de *Pandarang* (Pandurangga) était à l'origine une principauté cham, dont la formation a pu précéder la création du royaume du Champa proprement dit, l'ex-*Lin-yi* des Chinois du II° s. A. D. Le particularisme des habitants se traduisit souvent par des révoltes. La 5° dynastie (758 à 860) y eut sa capitale à Virapura.

Le Pandarang comprenait deux bassins côtiers séparés par le massif du cap Padarang : au N.-E., la vallée du Phan-rang; au S. O., celle du Phan-ri. La région relevait du royaume du Champa, mais jouissait d'une autonomie assez large puisqu'elle fut admise par l'empereur de Chine à lui adresser une ambassade; celle de 997 A. D. arriva à la cour des *Song* avec des envoyés *Ta-che* (Arabes *musulmans*). D'autre part, les deux vallées durent constituer parfois des gouvernements séparés ainsi que le constate une relation chinoise, de la même dynastie (publiée en 1178) : « Comme pays dépendant du Champa, il y a la principauté de *Pin-t'ong-long* (Phan-rang) et la principauté de *Pin-'o-ling* (Phan-ri). »

« Le Pin-t'ong-long est le pays que les livres bouddhiques appellent Râja-griha. On prétend que les fondations de la maison Mahâ-Maudgalyâyana s'y trouvent encore. La nature du sol, la civilisation, les mœurs et le climat sont à peu près identiques à ceux du Champa. Lorsque quelqu'un meurt sa famille, prend des vêtements de deuil, implore le Bouddha et choisit un endroit retiré pour enterrer le mort. Le souverain du pays sort à éléphant ou à cheval; il tient un parasol rouge; sa suite est composée d'une centaine de personnes munies d'un bouclier et qui chantent à sa louange *Yâl Pûl* (O Seigneur !). Le pays produit du calambac et de l'ivoire. On y fait le commerce de l'argent, des étoffes à fleurs imprimées.

Le prince de Pin-t'ong-long se pare et s'habille de la même manière qu'au Champa. On couvre les maisons avec des feuilles de palmier; on fait des palissades de bois pour se protéger. Chaque année, (le prince) paie au Champa un tribut de produits locaux. Actuellement, parmi les arhats, il y a le vénérable Pindola; si pour désigner ce pays on l'appelle Pin-t'ong-long, ce doit être par une altération phonétique » (du nom de Pindola = Pin-t'eou-lou, saint guérisseur particulièrement vénéré dans les monastères bouddhiques du Hina-yanâ). (*Pelliot*, 1903).

Au X° s., le prince héritier du Champa s'exprimait ainsi : « Les gens de Phanrang furent toujours vicieux, malfaisants, stupides, traîtres à tous les souverains du Champa. Sous le roi Parameçvara, ils proclamèrent prince un homme du pays. Le prince héritier mena ses troupes contre eux, les battit et s'empara des hommes, des bœufs, des buffles, des esclaves et des éléphants. Une moitié des prisonniers fut laissée dans la contrée pour la repeupler; l'autre fut distribuée entre les temples, vihâra, monastères, sâla, ermitages. » (*Finot*.)

Le Pandarang fut le dernier centre de résistance du royaume cham diminué. Pillé par les armées navales malaises du royaume de Sumatra, envahi par les troupes des grands souverains Khmèr, il fut à partir du XV° s. à la merci du despotisme des rois d'Annam ou des seigneurs de Hué. Son dernier roi indépendant, Pô-thot (Bàtranh, *a*), fut fait prisonnier et tué en 1692 par les Annamites. Le pays fut converti en protectorat sous un nom annamite; ses princes résidèrent près de Phan-ri et reçurent l'investiture des seigneurs de Hué jusqu'en 1822.

Phu de Binh-thuân, en 1692; changé en trân de Thûan-thành en 1694, après une révolte réprimée par les Annamites; rétabli en phu de Bin-thuân en 1697 devint un tinh de Thuân-thành sous les Tâi-so'n, puis un doanh de Binh-thuân en 1802. Son titre administratif fut changé en trân en 1808, et en tinh en 1832.

La fuite du prince Po-cho'n-chan, en 1822, acheva la ruine de la nationalitè cham. Une partie de son peuple le suivit dans son exode; ces Cham ont formé des colonies prospères le long du Me-khong (vers Krochmar) et près de Tây-ninh.

De l'an 1000 à 1822, la Chronique royale rappelle les noms des 39 princes ou souverains du Pandarang.

17. Sài-gòn à Ba-ngoi et à Nha-trang.

370 k. par chemin de fer. — Notre description va de *Mu'o'ng-man* à *Ba-ngôi*. A proximité de la voie ferrée, les touristes pourront visiter les édifices cham : Phô-haí, près de Phan-thiét; Pô Dam, au-delà de Sông Long-so'n; Pô Klaung-garai, de Phan-rang (Tour Cham).

Les voyageurs pour le plateau du Lang-biang descendront : à Ma-lam (197 k.) s'ils parcourent la route en auto par Djiring; — à *Tour Cham* s'ils utilisent le chemin de fer à crémaillère.

Sài-gòn. — Nous passons rapidement les stations de Co-chinchine :

32 k., *Biên-hoà;* route du *Cap* St-Jacques. — Traversée de la forêt tropicale pendant 40 k. — D'*An-loc* (73 k.) à *Gia-ray* (99 k.), on longe d'importantes plantations d'hévéas, de caféiers, de cocotiers. — 126 k., *Suôi Kiêt*, station en Annam, sur la route de *Tan-linh*, à *Ba-giang* sur la route col.

147 k., *Sông-phang*. Route de *La-di* (25 k.), petit port sur l'Océan, siège du huyên de Hàm-tan.

178 k., *Mu'o'ng-man*. — Embranchement de 12 k. sur *Phan-thiêt* (v. R. 18).

197 k., *Ma-lam*, siège du huyên cham de Hàm-thuân, proche de la route de Phan-thiêt à Da-lat, par Djiring (v. R. 18).

207 k., *Long-thanh*, sur la route col. Concession. — L'étang de Bau-sen dans une dépression tourbeuse, fréquenté par des sangliers. On entre en forêt. — Une coulée de lave (k. 220 à 222) recouvre un substratum granitique. — Dans le S., le mont Ta-cù; chasse.

223 k., *Sông Luy*, sur le territoire de la commune de Giang-tay. Chrétienté au milieu de cultures de cannes, de maïs, de muriers, d'arbres fruitiers et de terrains aménagés en rizières.

La voie ferrée pénètre dans l'ancienne forteresse cham, *Sông Luy* « Rivière; du Rempart », vaste quadrilatère irrégulier dont les côtés ont de 900 à 1.000 mèt. sur 800; les murs sont flanqués de redans et de cavaliers. C'est l'une des dernières capitales de la principauté cham de Panduranga : *Bal Battino'ng* ou *Bal Hano'ng* « la Capitale (du clan) de l'Aréquier ».

236 k., *Chan-hanh.*

245 k., *Sông Ma-ó.* Chrétienté, citée déjà en 1748.

ROUTE de *Phan-ri* (10 k. S.-E.).

2 k., *Bal Chanar*, une des anciennes « capitales palissadées » des princes de Pandarang. Siège du huyên cham de Phan-li.

On lit dans une relation chinoise de 1178 : « Les fondations de la maison de Mahâ-Mandgalyâyana se trouvent à Pin-t'o-ling (Phan-ri). On dit que c'est la « Ville de la maison du Roi » (Râjagriha). Ce nom paraît être la traduction de Bal Çrī-Bano'i (Çrâ Vastî), du pays de Parik (Phan-ri) connu aussi sous le terme de Peri-panong « Parik, du pays de l'Aréquier ».

A 9 k. vers le S., le siège du phu de Hoà-da, puis (10 k.), le tram de Thuân-phu, à Phan-ri (pron. P'an-ri). Ce centre situé sur la rive g. du sông Nhum et à 2 k. de la mer, est un port fréquenté par les jonques. Pêcheries, rizières, jardins; fabriques de chaux de madrépores, de saumures; salaisons de poisson; élevage de porcs.

Phan-ri (Parik, *ch.*) est le Pin-t'o-ling de la relation chinoise de 1178. Cette région fut jadis le fief des princes cham « du clan de l'Aréquier, race éminente dans l'état de Champa ».

Dans les environs, des sépultures de princes et de princesses cham.

Quelques missionnaires et marins européens nous ont laissé le souvenir de leur passage dans la principauté :

Des officiers de la frégate française *La Galathée* furent reçus en 1720 par le prince vassal (Pô Saktirai da putih) à Phan-ri, dernière capitale du Panduranga : « La salle d'audience était seulement une espèce de halle, composée de deux grands corps de bâtiments, sans étages, soutenus par des colonnes de bois rouge fort simple. Le trône où le Roi était assis ne se ressentait en rien de l'éclat et de la magnificence de ceux de ces Rois orientaux dont plusieurs voyageurs ont laissé de si pompeuses descriptions. C'était un simple marche-pied, élevé et couvert d'un tapis; derrière, il y avait un paravent de vernis de Chine. L'habillement du roi consistait en une robe de damas noir, brodée d'or, mêlée de nacre, avec des agrafes, et au dessus une toile de coton fort fine, garnie par le bas d'une frange d'or. Il avait pour chaussure de petites bottines : j'observai qu'il n'y avait que lui à qui, dans le royaume, il soit permis d'être chaussé. La garde qui l'environnait était composée de douze hommes, vêtus de soie rouge, avec un turban de la même couleur. Chacun d'eux tenait un sabre dont la poignée était garnie d'or. A sa gauche, on voyait quatre mandarins cham, habillés comme le roi, avec leurs gardes. A sa droite, un mandarin (du seigneur) de la Cochinchine, ensuite plusieurs autres mandarins, avec environ deux cents officiers, tous mis fort proprement. »

257 k., *Nha-me.* — Une inscription rupestre a été signalée au sommet de la colline rocheuse qui domine la station.

264 k., *Sông Long-so'n.*

ROUTE de *Vinh-hanh* (11 k.) à l'estuaire de la rivière. Siège du huyên de Tui-phong.

La région est dominée par le Ong Siem (600 mèt. alt.). C'est sur un de ses gradins et proche de la voie ferrée que s'élève le groupe de six tours ruinées de *Pô Dam*.

Ces édifices passent pour être des sépultures princières; ils sont situés sur la commune de Trang-hoa, appelée par les Cham Palei Ia-blan.

Dans le voisinage, de curieux tombeaux cham, dont le principal consiste en deux tumuli sphéro-coniques alignés sur deux plates-formes concentriques.

276 k., *Vinh-hao*, site hydrominéral et marin. Petit village de 800 âmes, à 3 k. 5 de la station, desservi par la route col.

Sur le bord de la mer plusieurs *sources* émergent de terrains sablonneux. Une seule a un débit assez abondant et jaillit en bouillonnement; thermalité 30°. C'est une eau bicarbonatée sodique de richesse moyenne qui peut être bue à la manière des eaux de Vals ou de Vichy.

Des carrières de madrépores sont en exploitation proche de la baie de Buc-lo.

La voie se rapproche de la mer longeant de belles criques. En mer, l'îlot *Pulao Cécir* de terre. — On entre dans le phu de Ninh-thuân.

293 k., *Cà-ná*. Lieu de pêche et de chasse des princes souverains cham du XVI° s.; tigres, éléphants, rhinocéros.

Cam-linh. Dans l'E., région montueuse et boisée; réserve de gibier de toute espèce.

310 k., *Hoà-trinh*, près du sông Viêu, au débouché d'une plaine où les édifices cham furent nombreux.

Le groupe des édifices de *Pô Rome*, situé sur une double élévation rocheuse, est le plus moderne des sanctuaires cham. Il comprend un *kalan* et une tour S. en briques; cette dernière est décorée à l'intérieur de peintures décoratives.

Tour contenant deux piédroits inscrits, deux statues de Nandin en pierre, un bas-relief représentant un roi déifié avec les attributs de Çiva, deux statues de femmes (reines), dont l'une porte une inscription sur la poitrine. Pô Rome (1627 à 1651) fut le dernier roi du Champa indépendant; il mourut en cage, captif des Annamites.

Pont sur le Krong Biuh (*ch*), ou Sông Viêu (*a*) « fleuve de la forteresse », ainsi nommé des remparts élevés dans le voisinage par les princes cham.

Le nom ancien de la cité fortifiée est Krong Laa (Palei Bachong). Ce site, marqué par la stèle de Glai Lamov, était déjà au VIII° s. A. D. le siège de la principauté du Panduranga, où « s'élevait la magnifique demeure de Çri Satyavarman ». Dans l'enceinte, on ne relève plus que les vestiges de quelques édifices en briques.

Aux environs, le roi Harivarman battit, à Chakling, l'armée khmer (cambodgienne) en 1145 et en 1158 A. D.

A l'O. de l'ex-capitale, fut élevé par Bhadravarman (fin du IV° s.) un *temple* que les Malais du Çri Vijaya (Sumatra) saccagèrent en 787. Il fut relevé en 808. (Stèle de Da-trang.)

315 k., *Phú-qui*, où commence une plaine arrosée, ayant 50 k. de l'E. à l'O. sur 30 k. du S. au N. Dans l'O., le massif montagneux du Ta-bar; vers le N., celui du Ba-rau.

La route col. quitte la proximité de la voie ferrée et va directement sur *Phan-rang* (8 k.).

Sur la rive du fleuve, le siège du huyên de An-phu'o'c.

Pont métallique sur le sông Cai, ou rivière de Phan-rang. Ce cours d'eau servit de frontière, de 1653 à 1697, entre l'état annamite des Nguyên (prov. nouvelle de Thái-khang) et l'état cham vaincu.

322 k., *Tour Cham* (Tiam) de **Phan-rang**. La station dessert je nouveau quartier; l'agglomération administrative de Phan-rang est à 7 k. dans le S.-E.

CHEMIN DE FER de *Krong-pha* (41 k.) continué par la crémaillère de *Da-lat*, le sanatorium du plateau du Lang-biang.

A 3 k. N., le terrain d'atterrissage pour avions.

A 1 k. 5, sur la colline de granite, *Cho'k Hala* « le mont du Bétel », dominant la gare et la route de Da-lat, le temple çivaïte cham de *Pô Klaung-garai* remplaçant un plus ancien.

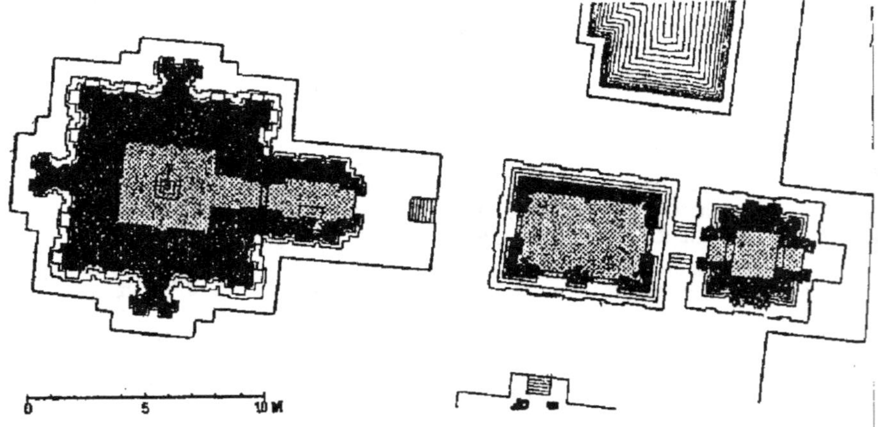

TEMPLE DE PÓ KLAUNG-GARAI

Ce temple forme un groupe de 4 édifices en briques, érigés sous Jaya Simha-varman III (fin du XIIIᵉ s. A. D.). La *tour* principale contient un *mukha-linga*, « visage (humain) du linga ». Quatre piédroits inscrits.

Sur le fronton du sanctuaire, une sculpture représente Çiva dansant, agitant ses six bras; c'est la danse qui fait crouler l'univers lors des destructions périodiques du monde, tandis que sur l'autel intérieur il s'offre à l'adoration des fidèles sous l'aspect du *linga*, figure génératrice, pour reconstituer, revivifier l'univers, développer un souffle meilleur à l'humanité engendrée. Dans le vestibule du sanctuaire, la statue du taureau *Nandin*, monture favorite du dieu, symbole de la production champêtre; des mains pieuses, désirant une bonne récolte, viennent déposer devant le mufle de l'animal une offrande d'herbe fraîche.

Les inscriptions disent les donations de terres et d'esclaves faites par le roi Jaya Simhavarman (fin du XIII° s.) au dieu Jaya Simhalingeçvara.

Sur le rocher, vis-à-vis le temple, une inscription plus ancienne (1050 A. D.) rappelle l'érection d'un linga par le prince-gouverneur après la révolte des habitants du pays de Phanrang contre le roi Parameçvara-varman du Champa. Dans le voisinage deux autres inscriptions rupestres de la même date.

De ce mamelon, on domine la vallée du Phan-rang, arrosée par le sông Cai, grossi sur la rive dr. du sông Viêu, du sông Ta-bu, puis en amont du Krong Pha. Elle est limitée par une ceinture de massifs montagneux dont les plus rapprochés sont le Nùi Barau au N., le Ta-bar au S.-O. La vallée était originairement habitée par des Malaisiens (Cham dans la plaine, Chu-ru et Raglai dans les hauts); l'immigration annamite s'est principalement cantonnée dans la région littorale.

Sur les pentes de la colline, le médaillon d'*Odend'hal*, assassiné le 7 avril 1904 chez les Malaisiens Jarai. Le bronze est de Mme Clément Carpeaux; il fut inauguré en 1909. — De ce site, on a une vue étendue vers la passe de Cà-ná et la mer.

Phan-rang (*a*) ou Panrang (*ch.*), siège de l'ancienne principauté cham du même nom, puis celui du phu annamite de Ninh-thuân, développe ses habitations dans la verdure et le sable le long de la rive g. du sông Cai. Centre administratif à 5 k. de la mer.

ROUTES : Phan-rang à *Da-lat* (Lang-biang), v. R. 19.

5 k. E., l'estuaire du fleuve, *Cu'a Man-rang*, marché aux poissons; chrétienté.
7 k. N.-E., le débarcadère de *Nai;* salines.
10 k. N.-E., la plage de *Ninh-chu*.
12 k. N., la station de *Ba-lap*.
13 k. S., *Nghia-lap*, d'où un chemin (14 k.) va au *phare* du cap Padarang.

329 k., *Ba-lap*. Route sur Phan-rang (12 k. S.).

340 k., *Ba-rau*.

A dr. de la route, les sanctuaires, dits de *Hoà-lai*, comprennent trois tours d'une architecture cham un peu spéciale : N. C. et S. Le *kalan* Central est le plus petit, mais d'une exécution plus soignée. La sculpture des dvârapâla parait offrir des rapprochements avec celle des figures correspondantes du Chandi Bhima, de Dieng, à Java. On a relevé dans l'E. des traces de srah et de fondations de petits édicules.

348 k., *Ka-rom*, à 13 mètres d'alt., sur le sông Gio-ta, dans un pays de chasse (buffles sauvages, éléphants). — Dans l'E., le massif du Faux cap Varella.

354 k., *Hiep-mi*.

360 k., *Trai-ca*, sur la rade méridionale de la baie de Cam linh. Plantation Marc (hévéas, caféiers, ouatiers).

366 k., *Nga-ba*. Voies ferrées sur Nha-trang (409 k.) et sur Ba-ngòi (4 k.).

370 k., Ba-ngoi, port sur la baie de Cam-linh (Cam-ranh). *Hôtellerie*.

Par sa situation, *Ba-ngòi* paraît être au centre de « Trois nappes d'eau ». Jetée, avec rails, aboutissant à des fonds de 6 mèt. Phare (v. R. 1).

370 k., *Suôi Môn.* — Les habitations des indigènes sont fortement palissadées contre les attaques des fauves; quelques éléphants dans la zone forestière de Lap-dinh.

378 k., *Suôi Cát.*

389 k., *Hoa-tang.* La route, qui longe la baie de Cam-linh et la lagune de Thui-triêu rejoint la voie ferrée.

397 k., *Suôi Dau*, dans une vallée cham colonisée par les Annamites; rizières. Concession de l'Institut Pasteur de Sài-gòn, créée par le Dr Yersin vers 1903.

Établissement de 500 hect. Plantations de cultures riches : hévéas (100.000 pieds sur 275 hect.), cacao, coca, kola, gutta percha, sur un terrain argilo sablonneux et d'alluvions. Parc d'animaux nécessaires aux expériences et à la fabrication de sérums de l'Institut. Laboratoire de chimie.

ROUTE : Suôi Dau à *Hòn Ba*, station alpestre à 1.500 mèt, d'alt. (15 k. de route jusqu'au pied de la montagne, plus 15 k. de chemin en lacets).

Hòn Ba. La hauteur est formée de roches granitiques et recouverte de forêts. Celles-ci sont constituées par des arbres de plusieurs espèces tropicales, puis tempérées, parmi lesquelles, des chênes, des magnoliacées, des lauracées, des rhododendrons, des cinnamonés, des érables, des fougères, des poiriers sauvages, des théiers spontanés. Les animaux y sont rares, cependant le sanglier y apparaît quelquefois.

La station d'altitude est sur la crête de la montagne, à la cote 1.500 mèt. Elle fut créée en 1918 par l'Institut Pasteur de Nha-trang comme station biologique, dans le but d'y poursuivre diverses recherches scientifiques (physiologie végétale, acclimatation de plantes intéressant la colonisation); station météorologique.

De ce site alpestre, le panorama est splendide. On découvre vers l'E. un horizon immense qui s'étend, sur la mer, du cap Varella (100 k. N.-E.) au cap Padarang (85 k.); on domine sur ce secteur de nombreux massifs montagneux, des vallées boisées, la plaine côtière avec ses cultures et ses dunes de sable. Du côté O., on peut contempler la chaîne du Champa, le Nùi Bob-rai (2.000 mèt.) à 15 k. O., les M^{ts} Lang-biang (2.200 mèt.) à 53 k. S. O.

401 k., *Cai-cai*, dessert *Khanh-hoa* (5 k.), siège des autorités indigènes.

405 k., *Phu'o'c-trach.*

409 k., *Nha-trang*, plage. *Hôtellerie* (v. R. 14).

La gare est à 6 k. de la Résidence, sur la route de Khanh-hoa à Nha-trang.

LES MONTS DU PANDARANG

DA-LAT, station d'altitude. Excursions. Chasse.

Les monts du *Pandarang* sont les élévations les plus méridionales de la Cordillère. Ils dominent le pays qui, dans l'histoire du Champa, est connu sous le nom de Panduranga.

C'est sur ces hauteurs qu'est situé *Da-lat*, station d'altitude, au S.-O. des monts Lang-biang, dans le voisinage d'une merveilleuse région de chasse.

Deux ports, reliés par la voie ferrée, desservent Da-lat : *Sài-gòn* et *Ba-ngòi ;* ce dernier plus rapproché.

Les monts du Pandarang ne constituent pas une chaîne, mais une série de plateaux étagés, continués au N. par les soulèvements du Kauthara. Ces élévations partent du cap Varella et vont mourir vers les frontières de Cochinchine. Parmi les sommets les plus élevés : au N., la Mère et l'Enfant (2.100 mèt.) au C., les monts Lang-biang (2.400 mèt.). Quelques cols, celui de Yok-kao (450 mèt.) entre les deux massifs précédents, met en communication la côte de Ninh-hoa avec le N.-E. du Darlak. D'importants cours d'eau y prennent leurs sources : le Sré Pok coule au Mé-khong, vers le N.-O.; le Dông-nai à la mer, vers le S.-O. Celui-ci et son affluent, le La-nha, très encaissés dans leur cours moyen, paraissent couler sur une pénéplaine dans leur cours supérieur.

Toute cette région repose sur un soubassement de granite (à mica et à amphibole), mais celui-ci est percé dans la partie méridionale de roches éruptives volcaniques (massifs ou filons d'aplite, ou de microgranite, microdiorite, diabase), à moins que ce substratum ne soit recouvert par des coulées importantes de basalte, terme de l'activité volcanique.

Populations : *malaisiennes* au N., à l'E. et au S., avec des colonies *annamites* récentes sur le littoral; *indonésiennes* au C. et à l'O.

18. Phan-thiêt à Da-lat.

178 k. Route de montagne, par Djiring (96 k.), l'une des plus intéressantes en raison des splendides panoramas qu'elle découvre et des beautés naturelles qu'elle dessert. Dans des villages indonésiens, on peut encore voir les indigènes produire le feu par frottement du bois.

Phan-thiêt, résidence de France, siège des autorités de la province du Binh-thuân, à 864 k. de Hué par la route mandarine. Plage de sable très étendue. Station bâlnéaire. *Hôtel.*

L'agglomération de 22.000 hab. s'étale sur les deux rives du sông Ca-ti, à 1 k. de la mer. Sur la rive N., le quartier européen dissémine ses cottages dans les jardins sablonneux. Sur les deux berges, le bourg asiatique arrive jusqu'à la mer. Marché important, où se coudoyent les Chinois du Sud, les Annamites, les Cham de la plaine, les Malaisiens et les Indonésiens de la montagne.

Sur la rivière, les sampans déchargent leur pêche fructueuse. Le long de la route, s'alignent des jarres pleines de nu'o'c-mam, mixture malodorante que les jonques exportent jusqu'en Chine.

Ancienne principauté du Panduranga, dépendante du Champa, devint pays protégé de l'Annam en 1692 et province annamite en 1822.

La province produit du poisson, riz, tabac, maïs, canne à sucre, ananas cocos, arec, pastèques, bananes, oranges, mangues.

Les Cham, anciens maîtres du pays, habitent en arrière de la côte, entre les Annamites des vallées basses et les Indonésiens de la montagne.

Ces Indonésiens viennent dans les marchés de la plaine pour troquer porcs, cornes et peaux de bœufs, de buffles, cire, miel, bétel, contre des jarres, du cuivre, de la verroterie, des étoffes.

Environs : *Phô-hai* (5 k. E., ou 15 k. par Phu-long), petit port de pêche; salines.

Villa construite par le duc de Montpensier, bâtie sur une colline, voisinant avec un *temple* çivaïte à trois sanctuaires.

Ces édifices, élevés en briques, orientés à l'E., dominent de 60 mèt. la mer et le village de Thiên-chánh. Leur forme paraît les rattacher à un art prékhmèr. La tour du S. contient un linga sur une table à libation càrrée. Deux inscriptions.

Routes. 1. Phan-thiêt à *Phan-rang*, 150 k. N.-E., par voie de terre (156 k. par chemin de fer, v. R. 17).

2. Phan-thiêt à *Sài-gòn*, 197 k. O., par voie de terre (190 k. par chemin de fer).

LA ROUTE

Phan-thiêt. — La route se dirige vers le sông Cai (Cuau) dont elle remonte le cours vers le N. Dans la vaste plaine de sable surgissent ça et là des touffes d'aréquiers, qui marquent l'emplacement de villages.

16 k., *Ma-lam*, station du chemin de fer de Sài-gòn à Nha-trang, dans un district cham. *Bg.*

21 k., *Gianh-mâu*, village cham. — Vestiges de deux tours en briques à Yen-su'o'ng (k. 24).

27 k., *Sông Cuau*, pont sur la rivière, dans une région de brousse giboyeuse fréquentée par les chasseurs. Exploitation agricole, en terre grise d'alluvion; hévéas et riz.

La vallée se resserre; la route s'élève rapidement le long du lit du Gia-lê.

39 k. 6, *Gia-lê*, à 150 mèt. d'alt.

43 k. 7, *No'-tong*, à 260 mèt. d'alt., sur le Da Lé. On entre dans le pays des Indonésiens, chez les To'-lup jusqu'au col de Da Trom.

Les fauves fréquentent la région ravinée; le lieut. Gautier fut enlevé, près du chemin, par un tigre, le 15 août 1906, en plein jour.

La route, par de nombreux détours, escalade les contreforts des monts Pandarang, aux roches primitives percées ou recouvertes d'épanchements éruptifs, tourmentées, ravinées, présentant des pics coniques, des plateaux ondulés couronnés par la forêt.

48 k. 5, *Loukhèl*, à 560 mèt. d'alt., aux cases sur pilotis.

51 k., *Yabak*, tram, juché à 780 mèt. d'alt. sur un bastion dominant le précipice du Da Nhum.

SUR LA ROUTE MANDARINE. BAC

DALAT. Le Palace-Hôtel.

LE LIENG GOU-GAH

CASCADE SUR LA ROUTE DE DJIRING A DALAT

Panorama très étendu sur le pays cham du Panduranga aujourd'hui appelé Binh-thuân par les Annamites. Aux environs, plantation de caféiers. Gros gibier et fauves.

60 k., *Sré-Pa* (820 mèt. alt.), sur un plateau boisé. — La montée en lacets, sur le versant de la rivière Cuau pour atteindre le col de *Rlum* (1.050 mèt. d'alt.), embrasse un large horizon. — Traversée de ramifications du massif de Brêiang. A dr., le ravin du Da Nhum (Sông Luy), d'où l'eau tombe en cascades. Sur les contreforts voisins, des villages juchés en nid d'aigle.

69 k., *Yankar*, tram, à 1.010 mèt. d'alt., vers la ligne de partage des eaux du Da Nhum et du Da La-nha.

Sur les monts, s'étend l'immense forêt dans laquelle dominent deux essences, le pin et une Diptérocarpée, espèce d'arbre à huile.

A mesure qu'on s'élève, le panorama prend de l'immensité : vers l'O. sur un pays profondément raviné jusqu'aux deux croupes grises du Senu; au S.-O., on perçoit le cône de Tanlinh (1.302 mèt.); au S.-S.-O., le Núi Ong (1.096 mèt.).

77 k. le col du Da Trom (1.230 mèt. alt.).

Abri, à l'O. de la route. * Belvédère remarquable, d'où l'horizon s'étend parfois jusqu'au littoral du Binh-thuân au S.-E.; aux monts Lang-biang (2.400 mèt.), à 80 k. N.-E. à vol d'oiseau; à la chaîne striée du Ta-dung (2.500 mèt.), à 50 k. au N., barrant le pays du Dar-lak; à la masse sombre du Brêiang (1.700 mèt.) et de ses contreforts, à l'E. Devant soi, le plateau de Djiring, coupé par la dépression formée par le Da Riam, puis, à 13 k. en ligne droite, les toits du centre de la Délégation.

La route descend à la cote 1.000 qui est l'altitude moyenne du plateau de Djiring. Cette vaste terrasse, d'une superficie de 200 kmq., peu ondulée, est couverte de cultures; ses villages sont nombreux.

96 k., *Djiring* (1.010 mèt. alt.), chez les Ma (Che-srê), centre administratif duquel dépendent les peuplades indonésiennes voisines (Trao, Ma), qualifiées de *Moi* « Barbares » par les Annamites. *Hôtellerie.*

Centre d'excursions cynégétiques. — Plantation de théiers 1 600 hect.).

La vue est bornée : au N., par le Ta-dung au pied duquel est le ravin profond creusé par le Da Do'ng; au N.-E., par le ballon du Menil prolongeant le Bo-ruas, puis une seconde ligne par les pics du Lang-biang; à l'E. par le Brêiang, dont les ramifications coupent la vue au S.; à l'O., par le Sarlung (1.100 mèt.); au N.-O. par les mamelons jumeaux du Ta-dra (1.800 mèt.) vers le Ta-dung.

ENVIRONS. Cascades; points de vue; gros gibier et fauves.

Des abris pour la nuit sont élevés dans quelques sites.

A l'O. : à 7 k. par bonne route, *Bo-bla;* belle chute de la Da Riam tombant d'une hauteur de 32 mèt.; — à 25 k. O., *Bo'kô* à 775 mèt. d'alt., sur un plateau habité par les Ma, dans le bassin de la Da Nha (La-nha, *a.*) siège d'un huyên indonésien; rendez-vous de chasse.

Au N. : à 8 k. 5, *Bo'ning,* rendez-vous de chasse; — à 25 k., par sentier cavalier, *Canh,* abri sur la rive dr. du Da Do'ng, au bord du plateau de Canh (900 mèt. alt.) dont la superficie est de 100 km. carrés.; chasse au cerf d'Eld; — 38 k., *Pantar,* au pied méridional des monts Ta-dung; chasse au gaur.

Au N.-O. : 230 k., *Kinda,* sur le Da Do'ng; Rendez-vous de chasse

La route longe les pentes septentrionales du massif du Brêiang et contourne ses ramifications.

107 k. 5, *Djirlanh.* A proximité, les chutes de la rivière Da Riyom, au pied du mont Brêiang.

114 k. 5, *Tambu;* centre de chasse (gaur). — La route se déroule sous les pins et les diptérocarpées.

Dong-gia, poste forestier.

124 k., *Da Nhim,* tram près du pont voisin du confluent du Da Nhim et du Krong Kayon. La rivière Da Nhim est ici large de 45 mèt. et coule à une altitude de 830 mèt.; dans cette partie de son cours, son lit constitue un bief navigable sur quelques kilomètres.

A 12 k., par un chemin muletier remontant la vallée du Krong Kayon, la belle cascade de *Dalah Kayon* « la langue du Kayon », d'où un sentier continue vers *La-vang* et *Phan-ri* (73 k.).

Dans cette région, des chefs Ko-ho (et plus loin des Chu-ru) sont dépositaires, depuis des temps éloignés, de reliques ou dépouilles de rois ou de princes cham du Panduranga; ces conservateurs gardent ces trésors cachés avec une défiance ombrageuse.

1 k. 5 après le pont, une bonne route descend vers la vallée du Da Do'ng, par la vallée inférieure du Krong Kayon, à travers une belle forêt clairière, et mène (12 k.) aux * chutes de *Pungur.* Là, 1 k. de chemin longe une anse (2 k. sur 400 mèt.) de la rivière avant que le flot ne se précipite bouillant d'une brusque dénivellation de 80 mèt. en provoquant un bruit formidable dont l'écho se répercute au loin. A 4 k. en aval, le confluent de la rivière avec le Da Do'ng, cours supérieur du Dông-nai.

Tambar. Dans le N.-O., zone de parcours des gaurs, des bœufs sauvages, etc., dominée par le dôme volcanique du Bo-ruas (1.650 mèt.), en forme de « tête d'éléphant », avec ses aiguilles de rocs gris.

134 k. Chute du *Lieng Gu-gah.* Le Da Nhim, large de 50 mèt., tombe d'une hauteur de 17 mèt. Bac.

143 k. Cascades du *Lieng Khang* en contre-bas de la route. Le lit du Da Nhim, large de 100 mèt., subit une dénivellation

de 15 mèt. dans les coulées volcaniques. — 147 k., on laisse sur la dr. cette branche orientale du haut Dông-nai pour remonter la vallée du Da Tam (ou Pham), son affluent de dr.

149 k., *Phi-mun* (1.043 mèt. alt.), avec de nombreuses rizières. Tram. On entre dans un pays habité par les Chu-ru (Tiou-rou), de langue malaisienne.

ROUTES : 1° sur Dran, Krong-pha, *Tour-Cham* (95 k.) et *Phan-rang*, par la vallée supérieure du Da Nhim semée de villages Chu-ru.
2° de *Ban Me-thuot* (174 k.) par Juikra et Me-bac.

153 k. 5, *Klong;* belles rizières.

156 k., *Kréan* (1.100 mèt. alt.), malaisien.

162 k., *Prenh* (1.124 mèt. alt.), entre les massifs jumeaux du *Bo-ruas* et du *Menil* (1.600 mèt.).

A 100 mèt. en contre-bas, le Da Tam fait une chute de 10 mèt. Un sentier conduit au pied de la cascade.

La route s'élève par de nombreux détours pour atteindre la terrasse de Da-lat; elle s'enfonce dans une forêt de pins assez dense couvrant toutes les pentes. Enfin, une éclaircie ouvre un large horizon : c'est le plateau du Da-lat, limité par les sommets du Lang-biang.

178 k., *Da-lat.*

19. Phan-rang à Da-lat.

A. — Par CHEMIN DE FER, 86 k.

1° Tour cham (de Phan-rang) à Krong-pha, 41 k.

2° Krong-pha à Da-lat, 46 k.; cette seconde section est parcourue sur une voie en partie à crémaillère, exploitée jusqu'à Bellevue en 1926, terminée en 1928; coût de la construction de cette section estimé à 6.500.000 $.

Phan-rang, *Tour Cham*, gare à 322 k. de Sài-gòn et à 48 k. de Ba-ngòi.

La voie ferrée côtoie la route et remonte la vallée du sông Cai.

7 k., *Lu'o'ng-nho'n.* — 14 k., *Dông-mé.* — Plaine étendue et monotone couverte d'une espèce de chêne rabougri.

22 k., *Tân-my.* — Pont en fer sur la rivière ensablée.

41 k., *Krong-pha*, sur la rivière du même nom, proche de a limite des tribus Raglai et Chu-ru, toutes deux de langue malaisienne.

Source thermale de *Xom-gong* à 8 k. S.-S.-E.

La voie, d'abord à pente peu prononcée pendant 1.500 mèt., prend ensuite une déclivité de 55 ‰ par mètre pendant 1 k.

puis accentue son pendage à 120 ‰ sur 7 k. 5 pour escalader, par le flanc montagneux opposé à celui de la route, 700 mèt. d'altitude. Cette montée laisse apercevoir des échappées étendues sur la plaine immense.

48 k., *Kabo*', à 750 mèt. d'altitude. Dans les environs, gisement de fer magnétique.

51 k. 3, le rail atteint le rebord du premier gradin du plateau près de *Bellevue* (1.000 mèt. d'alt.), d'où l'œil embrasse un * panorama splendide.

Pont sur le Da Nhim. — 56 k. *Drang*.

56 k. 7, la crémaillère reprend pendant 5 k.. La ligne monte directement de *Drang* à l'*Arbre Broyé*, puis se développe sur un contrefort et sur sa ligne de crête pour gagner *Da-lat*,

65 k., *Klébo*. — 69 k., *Entrerays*. — 73 k. *les Planches*. — 76 k. *Trambo*.

87 k., *Dalat*.

B. — ROUTE DE TERRE.

122 k., dont Tour Cham à Phi-mun, 94 k.

Tour Cham, à 7 k. de l'agglomération européenne de Phanrang.

La route se tient dans la vallée du sông Cai. On croise des Annamites, des commerçants Chinois et surtout des Cham et des Indonésiens (Moi), ces derniers chargés de la hotte, tenant à la main un bâton et parfois une petite arbalète.

14 k. *Dông-me*. — 21 k., *Ba-lach*. — Pont sur le sông Cai.

42 k., *Krong-pha*, à 180 mèt. d'alt., au pied de la montagne et à la lisière de la haute forêt.

La route s'élève rapide pour gravir les hauteurs qui séparent le bassin côtier du sông Cai de celui du H[t] Dông-nai. Lacets et ponts nombreux; quelques belles échappées sur la plaine.

64 k., *Bellevue* (980 mèt. alt.); magnifique * panorama. Vers le S.-E., d'abord un semis de mamelons, puis la plaine de Phan-rang, enfin la ligne de la mer qu'on aperçoit par les jours de grande pureté. Dans l'E., un chaos de sommets boisés. Vers le S., le ravin où gronde le torrent descendant en cascades. — Dans le voisinage, passe la crémaillère.

La route traverse un cirque de verdure peu accidenté.

69 k., *Drang*, dont le poste à 1.030 mèt. d'alt., domine la vallée. P. et T.

On a pensé dériver les eaux du plateau en les faisant passer en tunnel sous le rebord montagneux pour provoquer une chute de 800 mèt. pouvant donner une puissance de 50.000 CV.

Passage du Ka-mé, ou H^t Da Nhim, sur un pont métallique.

Vers le N., le village de *Drang* et l'ancienne route de Da-lat (33 k.) par le col de l'Arbre broyé. Le chemin, carrossable, gravit rapidement les 400 mèt. d'alt. d'un contrefort important. Traversée de la forêt pûre de pins à trois feuilles d'une espèce peu résineuse; un certain nombre de sujets atteignent 70 centimètres de diamètre et 16 à 20 mèt. de fût. — 75 k., le col de l'*Arbre broyé* (1.400 mèt. alt.). — La route se maintient à peu près en palier. Jusqu'à *Entrays*, la forêt de pins. — 89 k., le *Bosquet* (1.500 mèt. alt.), dans la partie orientale du plateau. — 103 k., *Da-lat.*

Vers l'O., la bonne route, longeant parfois le Da Nhim, se dirige en palier à travers le pays des Chu-ru, vers la route de Djiring à Da-lat.

Mhrang. — Mhlon (1.000 mèt. alt.).

94 k., *Phi-mun* (1.043 mèt. alt.), dans la vallée du Da Tam, sur la route de Dji-ring à Da-lat.

Klong. — Kréan. — Prenh et sa cascade en contre-bas. 122 k., *Da-lat.*

20. Da-lat. Le Lang-biang.

Da-lat est le siège administratif du district dit du Langbiang. Le site, bâti sur les rives du Da Kam-li, est à 1.475 mèt. d'alt. sur un tertre en pente douce du plateau dans le voisinage de la forêt de pins. Station d'altitude principalement fréquentée par les Saigonais; centre cynégétique.

Hôtels. P. et T. T. S. F. Terrain d'atterrissage pour avions. Cours de tennis. Autos.

Électricité. Adduction de l'eau du Kam-li; barrage.

Le quartier européen est mis en relation avec le quartier annamite par un pont en béton armé jeté sur le Kam-li.

Le plateau fut visité par le Dr Yersin, en 1897.

Le projet d'y créer un établissement pour les Européens date du gouvernement de M. Doumer. Les gouverneurs généraux, ses successeurs, améliorèrent peu à peu les voies d'accès, mais ce fut le gouverneur général Roume qui, en 1917, prit la décision de créer la station d'altitude en affectant les crédits suffisants pour continuer les routes et pour édifier les premières constructions.

EXCURSIONS. Des routes pour les autos, des chemins et des sentiers pour les promeneurs et les cavaliers ont été aménagés sur le plateau et mènent aux sites les plus pittoresques.

a. Chemins circulaires : de 3 k., de 7 k., de 11 k.

b. Petite cascade du *Kam-li* (3 k. 5), ou rivière de Da-lat, par une route ombragée de pins.

c. Tour d'Inspection. Circuit : Da-lat, cascade de Kam-li, champ de courses (ou d'aviation), Man-linh, mamelon Thouard, où il rejoint la route de Dangkia.

d. Chute d'*An-kro ět*, formée par le Da Do'ng (H¹ Dông-nai), haute de 15 mèt., dans une gorge sauvage; pins immenses. Point de vue du kiosque sur la rive g. et au-dessus de la chute. On s'y rend par la route de Dang-kia (17 k.) ou par le sentier cavalier (13 k.).

On projette d'utiliser cette force d'énergie pour l'éclairage électrique du centre de Dalat et plus tard pour la traction du chemin de fer de montagne de Krong-pha à Dalat.

e. Cascade de *Prenh* (13 k.) par la route de Phi-mun.

f. Chutes de *Pungur* (62 k.), etc.

g. Dang-kia (13 k. N.-O.), par *Beno'r-dit* (8 k.) et *Beno'r-dung* (11 k.), villages Lat établis à flanc de coteau. Une bonne route se faufile entre des mamelons rappelant un peu les ballons des Vosges.

Dang-kia est situé à 1.450 mèt. d'alt. par 12° 10' de latit. N. et à 8 k. S.-O. à vol d'oiseau du plus proche sommet des monts Lang-biang. Station agricole (légumes, arbres fruitiers d'Europe) et d'élevage (bœufs, moutons).

h. Les monts LANG-BIANG.

Prendre la route de Dang-kia. A la hauteur du village de Beno'r-dung (11 k.), un chemin forestier mène (en 2 h. 15) au sommet O. (2.100 mèt. alt.) de la chaîne des monts « Maudits-Déshérités ». Panorama étendu sur le plateau de Da-lat et sur une partie du Darlak (Tac-lak). — On peut gagner le second sommet (30 min.), puis le troisième (2.200 mèt. alt.), cône volcanique écorné, assez récent, tout au plus tertiaire. Ces pitons, dominant une table, sont constitués par du basalte (antophyllite massive). — Les quatrième et cinquième sommets (2.400 mèt.) sont couverts d'une épaisse forêt. — Vers le N. se poursuit la chaîne du Kauthâra. Aux pieds des monts, dans les replis verdoyants s'abritent de nombreux troupeaux de bœufs sauvages, de gaurs, de cerfs, quelquefois des éléphants, des rhinocéros, des sangliers, souvent le tigre.

GÉNÉRALITÉS

Le plateau. La terrasse du Lang-biang a la forme d'une ellipse, dont le grand diamètre (N.-S.) a environ 18 k. d'étendue et le petit (E.-O.) 10 à 12 k.; son altitude varie de 13 à 1.600 mèt., et elle est coupée par le 12° de latitude N. Les cinq sommets volcaniques du Lang-biang (2.100 à 2.400 mèt. alt.) le bornent au N.

Ce plateau a une superficie de 250 à 300 km. carrés. Il se présente comme une immense prairie verdoyante, bosselée de croupes massives herbues ou boisées, séparées par des vallées plus ou moins larges, limitées par une forêt sans fin. La terre, généralement rouge argileuse, provient de la décomposition des roches volcaniques. L'herbe, quoique drue, convient aux troupeaux de buffles indigènes, de bœufs croisés de bretons, de moutons qui ont été acclimatés; les chevaux s'en accommodent plus difficilement. Toutes les fleurs d'Europe s'y développent et les légumes y sont cultivés.

On a relevé des minerais de fer, de plomb argentifère, d'étain, de zinc, de cuivre; des sources minérales (ferrugineuses).

Flore. La zone forestière du Lang-biang couvre une superficie d'au moins 100.000 hectares. On y rencontre les *pins* à trois feuilles, des *Diptérocarpées* (aux canaux sécréteurs oléorésineux) d'espèces différentes de celles de la plaine, des *Castanéacées* de la série des Quercinées (chênes) voisines des espèces

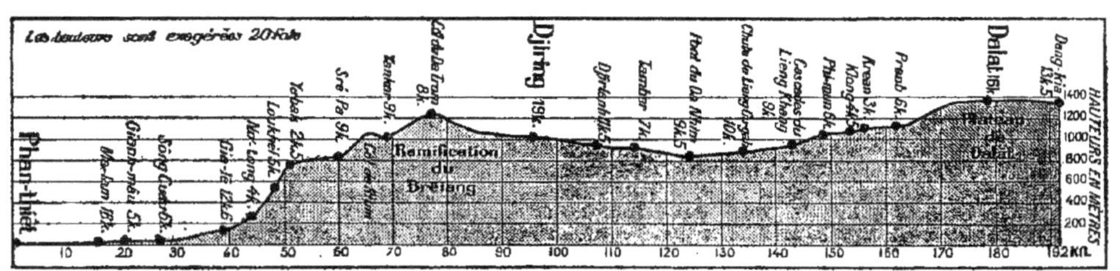

Profil de la route de Phan-thiêt à Dalat.

Circuit des Monts Pandarang.

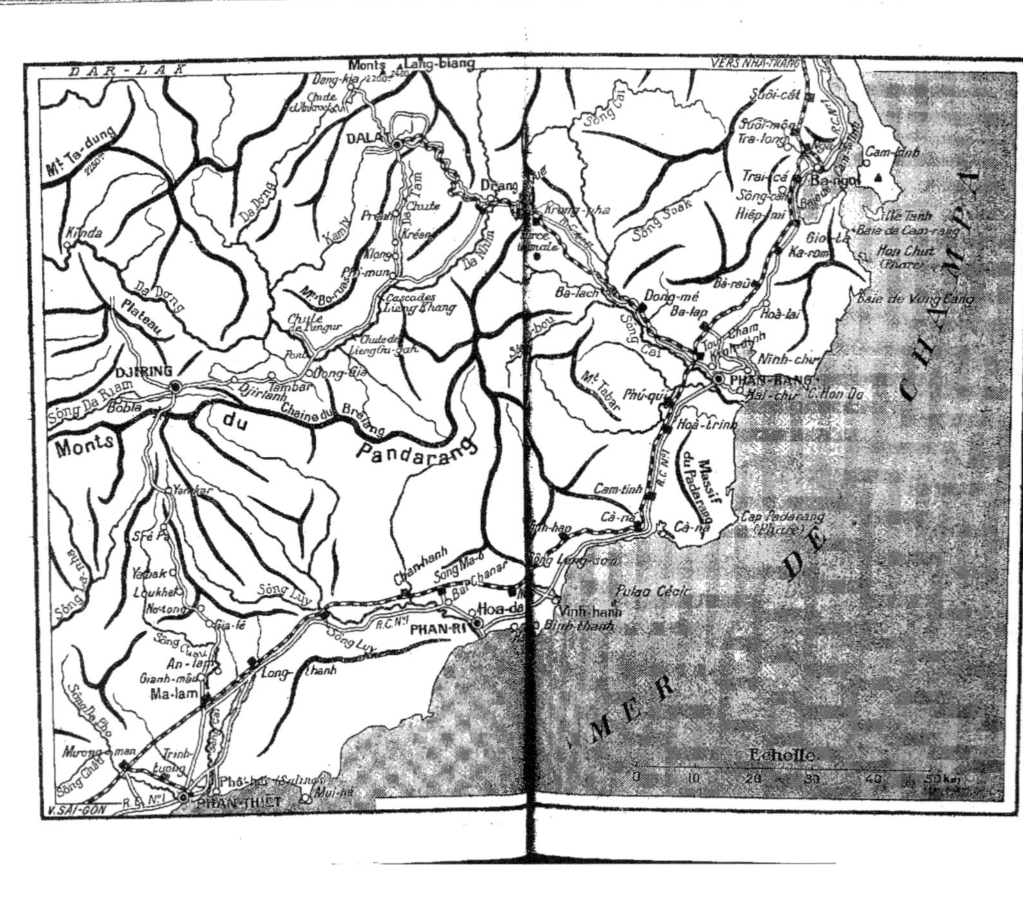

DAR-LAK
VERS NHA-TRANG
Monts Lang-biang
Dong-kia 2200
Chute d'Ankroet
Mt Ta-dung 2250
DALA
Da Dong
Drang-lué
Kam Ly
Preuh
Chute
Kréang
Krong-pha
Kinda
Phi-mun
Klong
Mt Bo-nua
Source
thermale
Chute de Pungur
Cascades
Lieng Khang
Ba-lach
Dong-mé
Plateau
Chute de
Lieng bu-gah
Pont
Dong-Gia
DJIRING
Sông Da Riam
Djirlanh Tambar
Bobla
Chaine du Brélang
Monts
du
Pandarang
Sông Cai
Sông Soak
Suoi-cat
Suoi-mon
Tra-long
Trai-cá
Sông-cam
Hiep-mi
Gioi-Lé
Ka-rom
Bà-rau
Hoà-lai
Cham-dinh
Ninh-chu
Ba-lap
Cam-tinh
Ba-ngoi
Ile Tanh
Baie de Cam-rang
Hon Chut
(Phare)
Baie de Vung-tang
Mt Tobar
Phú-qui
PHAN-RANG
Hai-chu
C. Hon Da
Hoa-trinh
Massif
du Padarang
Cam-tinh
Cà-na
Cà-na
Cap Padarang
(Phare)
Yanghar
Sré P
Yabak
Loukhek
No-long
Gia-lé
Chan-hanh
Sông Ma-o
Bau Chanar
Sông Long-son
Pulau Cécir
Vinh-hanh
Binh-thanh
Hoa-da
An-lam
Granh-mâu
Ma-lam
Long-thanh
Sông Luy
R.C N°1
PHAN-RI
Sông Luy
Muong-man
Trinh-tuong
Phô-hai (Salines)
PHAN-THIET
V. SAI-GON
R.C N°1
Mui-né
CHAMPA
DE
MER
Echelle
0   10   20   30   40   50 km

tonkinoises. On a signalé la présence, sous les pins, d'une *népenthacée* carnivore. On trouve d'immenses fougères, des orchidées géantes, des gingembres sauvages, des champignons aux formes variées, etc.

Climatologie. Le plateau du Lang-biang ne le cède en rien à plusieurs sanatoria des Indes; il est moins humide que certains d'entre eux.

Son climat comprend quatre saisons de durées inégales :

Saisons		Température moyenne	Da-lat	Djiring
Sèche	Début de décembre à fin mars	minima nuit	6 à 12	12 à 17
		maxima jour	18 à 22	23
Des orages	Fin mars à seconde quinzaine de juillet......... (Les orages surviennent le plus souvent vers la fin de la matinée; beau temps le reste du jour.)	min.	12 à 18	16 à 19
		max.	22 à 26	23 à 27
Des pluies	De la seconde quinzaine de juillet à fin d'octobre...	min.	12 à 16	15 à 18
		max.	20 à 22	22 à 24
Des grands vents	De la fin d'octobre et pendant tout novembre....	min.	8 à 12	13 à 17
		max.	18	21 à 23

On remarquera que l'époque des pluies ne coïncide pas au Lang-biang avec celle du littoral voisin. Tandis que, de fin octobre à mi-janvier, la côte d'Annam est sujette aux typhons et subit des pluies abondantes, torrentielles, faisant déborder les rivières et coupant les voies de communications, le Langbiang au contraire jouit d'un temps délicieux, reposant.

L'altitude du plateau permet de trouver une température fraîche et une pression atmosphérique modérée. L'air pur, vif, excite l'appétit; on éprouve un besoin de mouvement physique et de travail intellectuel inconnus à Sài-gòn. L'absence de moustiques permet enfin de dormir sans moustiquaire.

La luminosité et l'insolation sont remarquables. Les brouillards sont peu durables et la brume disparaît dès que le soleil se lève.

Les vents dépendent des saisons. En hiver, ceux du N. dominent; en été ce sont ceux du S.-O.

« Pendant toute l'année, on recueillera les grands bénéfices de l'altitude, et il n'est pas une période qui puisse être considérée comme mauvaise climatologiquement... Mais l'automne, l'hiver et le printemps seront les saisons de choix, le troisième surtout qui, par bonne fortune, coïncide avec le moment le plus pénible et plus malsain de l'année cochinchinoise. Les pluies qui viennent à peine de commencer, ou qui sont sur le point de finir, ont perdu leur fréquence, la température est uniformément fraîche, le vent régulier et modéré. » (Dr Reboul, 1910).

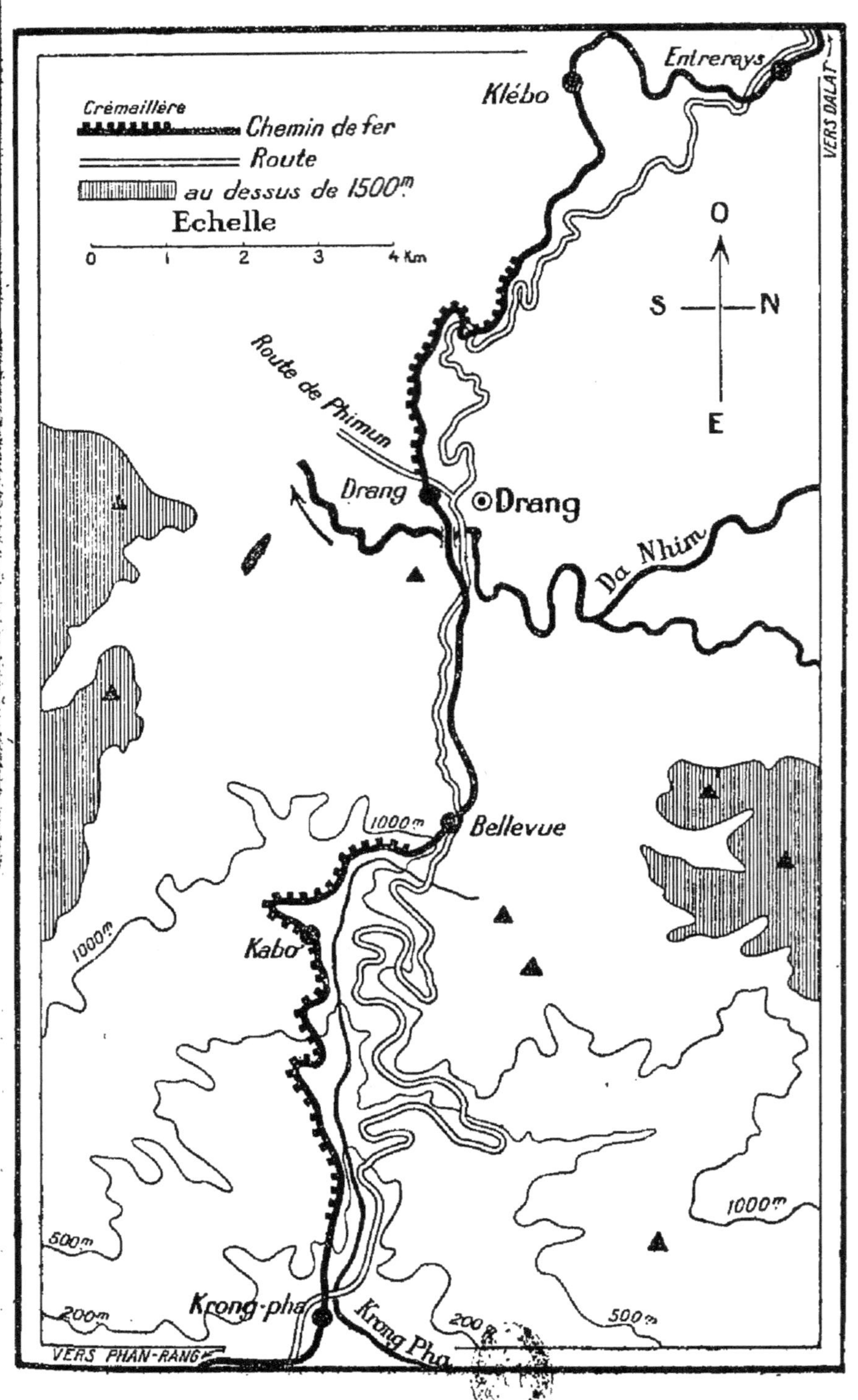

Crémaillère
Chemin de fer
Route
au dessus de 1500m
Echelle
0   1   2   3   4 Km
Entrerays
Klébo
VERS DALAT
O
S   N
E
Route de Phimun
Drang
⊙Drang
Da Nhim
1000m
Bellevue
Kabo
1000m
1000m
500m
200m
500m
200m
Krong-pha
Krong Pha
VERS PHAN-RANG

LA CHUTE DU DA RIAM A BOBLA
PRÈS DE DJIRING

LES TOURS CHAM DE HU'NG-THANH
PRÈS DE QUI-NHO'N

INFORMATIONS

Voyages. Itinéraires. Chemins de fer. Compagnies de Navigation. Banques. Sociétés commerciales et industrielles. Hôtels, etc.

Les Guides Madrolle

indiquent tout ce qui est utile et indispensable de voir et de connaître dans les pays asiatiques.

Chine, Corée, Japon, Indochine, Java, Philippines, Siam, États Malais, Ceylan

S'adresser dans les Agences de voyage et les Librairies d'Extrême-Orient et d'Amérique.

PARIS :
Hachette
79, boul. Saint-Germain

HA-LONG

Excursion dans la

BAIE DE HA-LONG

une des merveilles du monde.

Service de Navigation de Haiphong à Mongcai par chaloupes bien aménagées. Escales dans la Baie de Ha-long. Excursion *pittoresque* ; on navigue dans un dédale de rochers, percés de *grottes* extraordinaires. Visite aux mines de *Hongai.*

Monographie Madrolle :
Baie de Ha-long.

Angkor, dans le Sud de l'Indochine.

Touristes !

Ne vous rendez pas en Extrême-Orient sans descendre à

Saigon

pour aller aux célèbres Ruines

d'ANGKOR

où des centaines de monuments de l'art kmèr ont été élevés aux divinités brâhmaniques entre le VIe et le XIIe siècle.

Angkor Thom, dont l'enceinte se développe sur plus de 12 kilomètres. Au centre de la Grande Ville Royale, se dresse le **Bayon,** dominé par 51 tours décorées des quatre faces divines.

Angkor Vat, dont la tour centrale est haute de 60 mètres, possède des murs sculptés de scènes religieuses et historiques se développant sur près d'un kilomètre !

Prah Khan, Ta Prohm, etc.

HÔTELS sur tout le parcours et aux ruines.

On s'y rend : 1° en Automobile, 2° par les Services à vapeur de Saigon à Phnom penh, puis navigation à travers le Grand Lac.

Monographie Madrolle :
Vers Angkor.

TARIF DE TRANSPORT
DE MARSEILLE EN INDOCHINE

Les Compagnies de Navigation délivrent des billets de passage pour les *escales* desservies par leurs lignes et, par des arrangements avec d'autres sociétés de transports, des billets pour des destinations plus éloignées, enfin des billets dits du *Tour du Monde*.

La Compagnie des MESSAGERIES MARITIMES et celle de la PENINSULAR AND ORIENTAL S. N. C. ont, pour assurer le trafic de leurs lignes d'*Extrême-Orient*, deux catégories de paquebots — A de grand luxe, B de bon confort — pour lesquelles les prix de passage sont également différents.

Ces prix de transport ayant pour base la monnaie *or*, nous donnerons les tarifs de la P. AND O., établis en £.

Les voyageurs calculeront le prix approximatif des billets délivrés par les M. M. en multipliant la £ par le cours du change. Ex. : Si, de Marseille à Singapore, le tarif anglais était de £ 86 et que le change en francs-papier ait été à 135, le prix du billet de passage français devait représenter 11.610 francs (fin mars 1926).

Les chiffres suivants ne sont donnés qu'à titre indicatif; ils sont sujets à changements; s'adresser aux Compagnies.

	1re classe				2e classe	
	Aller		*Aller et ret.*		*Aller*	
Marseille à :	A	B	A	B	A	B
Colombo..................	£ 86 et 76		150 et 133		58 et 52	
Pinang, Bangkok ou Singapore	£ 90 et 84		157 et 147		62 et 56	
Saigon ou Batavia.........	£ 95 et 89		167 et 157		67 et 61	
Hongkong ou Manille.......	£ 96 et 90		168 et 158		68 et 62	
Shanghai	£ 102 et 96		178 et 168		72 et 66	
Kobé ou Yokohama........	£ 106 et 100		185 et 175		74 et 68	

Comme on le remarquera, le TARIF des paquebots de la *catégorie B* présente une réduction très sensible.

Cette différence se fait également sentir dans les prix demandés par d'autres Compagnies, française ou étrangères, ayant leurs ports de départ à Marseille, à Barcelone, à Gênes ou à Trieste.

La Compagnie des CHARGEURS RÉUNIS, qui a un service direct de Marseille en Indochine, présente un tarif très intéressant pouvant atteindre jusqu'à 20 % du prix fort cité plus haut.

DISTANCES ENTRE ESCALES

en milles marins de 1.852 mèt.

LIGNE DE CHINE-JAPON

MARSEILLE A YOKOHAMA

Marseille

1.510	Port-Saïd									
1.597	87	Suez								
2.881	1.371	1.284	Djibouti							
5.098	3.588	3.501	2.217	Colombo						
6.668	5.758	5.071	3.787	1.570	Singapore					
7.316	5.806	5.719	4.435	2.218	648	Saigon				
8.250	6.740	6.653	5.369	3.152	1.582	934	Hongkong			
9.074	7.564	7.477	6.193	3.976	2.406	1.758	824	Shanghai		
9.843	8.333	8.246	6.962	4.745	3.175	2.527	1.593	769	Kobé	
10.189	8.679	8.592	7.308	5.091	3.521	2.871	1.939	1.115	346	Yokohama

La distance de Hongkong à Fou-tcheou est de 456 milles et de ce point à Shanghai de 432 m.

LIGNE D'INDOCHINE

MARSEILLE A HAIPHONG

Marseille

1.510						
1.597						
2.881	Djibouti					
5.098	2.217	Colombo				
6.366	3.485	1.268	Pinang			
6.734	3.853	1.636	368	Singapore		
7.382	4.501	2.284	1.016	648	Saigon	
8.192	5.311	3.094	1.826	1.458	810	Haiphong

Un paquebot, qui fait 13 milles (ou nœuds) à l'heure, parcourt en 24 heures 312 milles, soit env. 578 kilomètres.

REVUE DE LA PRESSE

Nous avons jadis signalé à plusieurs reprises les explorations de M. Cl. Madrolle dans les diverses parties de la Chine, à Hainan, par exemple, et nous avons dit aussi que ce voyageur, qui a parcouru une grande partie des pays d'Extrême-Orient, a fait bénéficier le public de sa connaissance approfondie de ces régions en écrivant des Guides qui fournissent des renseignements très complets et très précis à celui qui veut les visiter. Au moment où l'on cherche avec tant de raison à attirer les touristes vers nos colonies, les *Guides Madrolle* sont une œuvre qui vient tout à fait à son heure et dont il convient de féliciter leur auteur.

Ces volumes ne contiennent pas seulement tout ce que l'on est strictement en droit d'attendre d'un guide, mais on y trouve aussi, amplement développées, des notions sur l'histoire, sur les populations, sur leurs coutumes et leurs croyances, sur le climat, sur les productions; tout le détail des temples et autres monuments est expliqué avec précision. En même temps que des guides, ce sont de précieuses notices sur les pays qu'ils concernent...

Gustave REGELSPERGER.

In *Quinzaine Coloniale*, avril 1914.

Chine du Nord. (*Corée.*) Paris, Hachette, in-12. Cartes et plans.

Le concours de MM. Chavannes et Vissière pour la Chine, de M. Courant pour la Corée, assure une valeur toute spéciale à cet ouvrage très documenté, importante contribution à l'histoire et à la géographie chinoises, à la géologie et à l'ethnographie asiatiques.

En dehors des descriptions sur les grandes villes, Pékin, Changhai, T'ien-tsin, Nankin, Séoul, etc., le touriste trouvera des notices très complètes pour aller aux sites bouddhistes de Wout'ai-chan, de P'ou-t'o, de T'ien-t'ai, aux grottes sculptées de Longmen, de Yun-kang, aux sépultures impériales des San-che-ling, des Tong-ling, des Si-ling, de Moukden, aux montagnes saintes de T'ai-chan, de Song-chan, aux sanatoria de Kou-ling, de Mo-kan-chan, aux plages de T's'ing-tao, de Tche-fou, de Pei-tai-ho, à moins qu'il ne préfère excursionner à la Grande Muraille ou en Mongolie, parcourir les champs de bataille de Mandchourie, escalader avec le chemin de fer les montagnes du Chan-si ou visiter en barque les pittoresques et imposants défilés du fleuve Bleu ou gorges d'Yi-tch'ang.

In *Bulletin du Comité de l'Asie française*, Paris, déc. 1911.

EXCURSION D'ANGKOR

On se rend de **Sài-gon** (ou de Phnom-penh) à **Angkor** soit par la VOIE D'EAU, soit par la VOIE DE TERRE. Les touristes, désireux de voir l'aspect du pays par les divers itinéraires, peuvent aller à Angkor par les services d'autocars et en revenir par les paquebots fluviaux.

VOIE D'EAU.

La *Compagnie des Messageries fluviales* effectue toute l'année, par vapeurs confortables, trois services sur Phnom-penh, et pendant la saison des hautes eaux (juillet à janvier) deux services sur *Angkor*.

La Cᴵᵉ délivre aux touristes, à Sài-gòn, des *billets d'excursion* pour *Angkor* assurant le passage en 1ʳᵉ classe, le logement, la visite des ruines et le transport, un arrêt à Phnom-penh et le retour (Prix de 181 $ à 200 $, à forfait, selon la durée du billet; les Indochinois bénéficient d'une réduction).

VOIE DE TERRE.

550 k. par la R. C. nᵒ 1. Services d'autocars réguliers depuis Sài-gòn, prix env. 35 $ aller, par la *Cᴵᵉ des Transports el Messageries automobiles du Cambodge*.

PROVISION POUR BIEN VISITER ANGKOR.

Voyage : aller, Sài-gòn à Angkor, en autocar postal...............	35 $
Retour, Angkor à Sài-gòn, en paquebots fluviaux............	·52 $ 80
(Angkor au Grand Lac (3 $ 20); du débarcadère au bateau (1 $); voyage en paquebot à Phnom-penh (15 $ 70), puis à Sài-gòn (22 $ 90); on peut descendre à Mi-tho (17 $ 75) pour prendre le chemin de fer.	
Repas et logement : 3 j. de voyage, 4 j. de séj. à Angkor, 2 j. à Phnom-penh = 9 j. de placement à 12 $....................	108 $
Séjour à Angkor. Visite des ruines........................	25 $ 50
Petit circuit, puis grand circuit en auto (6 + 3.50) (Location d'autos, de 16 à 25 $); promenade nocturne par pleine lune sur les circuits (8.); promenade à Siem-reap (3.); promenade à éléphant (3.); 2 demi-journées de guide (à 1.).	
Séjour à Phnom-penh; bagages, etc.........................	20 $
Argent de poche, achats et divers..........................	Mémoire

REVUE DE LA PRESSE

Indochine du Nord. (*Tonkin, Annam, Laos.*) Paris, Hachette, in-12, XII + 7 + LXIII + 364 p., et 48 cartes ou plans en noir ou en couleurs.

Plus de vingt années se sont écoulées depuis le jour où M. Madrolle publiait sur l'*Indochine* un premier guide général.

... Depuis lors, M. M. a montré comment il savait tenir la promesse faite en 1902, en refondant et en mettant au point, dans une série d'éditions générales ou partielles, les premiers renseignements qu'il avait réunis sur l'Indochine. Chacune de ces éditions a marqué un notable progrès sur la précédente. Ces améliorations successives sont certainement dues à une collaboration de plus en plus étroite entre l'auteur et les amis de ses guides. Pour montrer à quel point ce travail en commun fut fécond, il suffit de mettre en face des 80 pages traitant de l'Indochine du Nord dans le guide de 1902, le beau volume de 400 pages aujourd'hui consacré au même sujet... Il faut reconnaître que ce nouveau guide n'est pas loin d'être parfait dans l'ensemble. Il se recommande par la richesse de son information ethnographique, géographique, historique et archéologique; la partie touristique est particulièrement soignée. Les corrections à apporter aux affirmations de l'auteur sont toutes relatives à des points de détail.

... L'ensemble du volume porte la marque de la grande expérience de l'auteur. Il est à souhaiter que l'administration indochinoise sache profiter de cette expérience et des résultats remarquables que M. Madrolle a obtenus dans ce genre de recherches. Nul mieux que lui n'est qualifié pour tirer parti des renseignements officiels qui pourraient être réunis sur notre grande colonie et pour nous donner le guide irréprochable qui manque encore à l'Indochine.

L. AUROUSSEAU.

In *Bulletin de l'École française d'Extrême-Orient*, tome XXIII. Hanoi. 1923.

Indochine du Nord. (*Tonkin, Annam, Laos.*) Paris, Hachette.

Au moment où je quittais l'Indochine, ce guide tout récemment édité y parvenait. Je l'ai lu et étudié avec la passion d'un homme qui vient de voir par lui-même une bonne part des pays décrits et avec la curiosité d'y découvrir tous les renseignements qui lui ont manqué. Aucune déception n'a été de moi éprouvée; je dois dire avec précision quelle admiration réelle est la mienne pour celui qui a eu la patience opiniâtre et qui a pris la peine de noter, en lieu place, et avec leur vrai sens, tant d'informations dont les sources sont aussi dispersées que disparates. Madrolle avait déjà publié un guide général sur l'Indochine « alors que l'exposition de Hà-nôi, décidée par le gouverneur général M. Doumer révélait une Indochine naissante au public étranger ». Maintenant que l'Indochine est devenue un véritable État vigoureux et prospère, et que tant de Français ont travaillé à la connaître, puis à l'organiser, puis à l'enrichir, tout ce que le touriste instruit y cherche et y peut visiter est en bien des cas différent, et surtout l'ensemble en est incroyablement plus vaste que les curiosités archéologiques ou sites qui s'offraient au voyageur il y a vingt ans. La documentation historique et archéologique de Madrolle est de fort bon aloi. Son exactitude géographique n'est nulle part en défaut. Pouvait-on mieux espérer? Nous attendons avec impatience le second volume qui nous est promis sur l'*Indochine du Sud*.

Jean Brunhes,
professeur au Collège de France

In *La Géographie*. Paris, juill. 1923.

Indochine du Nord. (*Tonkin, Annam, Laos.*) Paris, Hachette.

Dans la partie essentiellement touristique, M. Madrolle pormène le voyageur au Tonkin, au Laos, en Annam, à travers 91 descriptions d'itinéraires ou de sites pittoresques, archéologiques ou religieux, depuis les rivages de l'Océan jusque dans la vallée du Mékhong.

Tourane et les montagnes de Marbre; Hué, son temple du Ciel et ses tombeaux impériaux; la baie de Ha-long, une des merveilles de la nature; la montagne sainte du Tan-vien; les sanatoria du Tam-dao, et de Cha-pa; la région pittoresque des Babé; Dông-quang, le Mg. Khuong et leurs variétés ethnographiques; la rivière Noire et ses canyons; le plateau Phuon et ses monuments mégalithiques; les parcours de chasse du Phu Qui et du haut Nam Ma; la curieuse Luang Phra-bang, capitale vénérée du royaume lao; Vieng-chan aux Cent pagodes, ne peuvent qu'attirer et retenir le touriste et lui faire apprécier la colonie.

Muni de ce manuel, le voyageur n'aura plus le droit d'ignorer l'Indochine et de passer au large sans y faire escale.

Chine du Sud. (*Java, Japon*). Paris, Hachette, in-12, 12 + XXVII + CXXXVI + 520 p. et 54 cartes et plans.

C'est un ouvrage très documenté qui permet aux voyageurs de faire escale dans tous les ports des mers de Chine depuis l'Insulinde jusqu'au Japon.

Des informations récentes aident les touristes dans le choix de leurs itinéraires, tandis que les articles de l'Introduction donnent à ceux qui ne peuvent être du voyage le regret de ne point partir. On lira les chapitres sur l'Histoire de la Chine, les Arts, les Religions, les Voyageurs chinois, les Populations...

Le touriste, curieux d'étudier la Chine, ne se contentera pas de descendre dans les ports principaux, mais il excursionnera dans l'intérieur et profitera des lignes de navigation fluviales et des voies ferrées pour aller voir les Chinois chez eux et visiter les sites les plus remarquables de leur pays jusqu'au Yun-nan.

Parmi ces lieux et centres attractifs, nous voyons successivement filmer : Hongkong, l'emporium de l'Extrême-Orient; Macao, le Monte-Carlo asiatique; Canton, aux ruelles grouillantes; les gorges de Tchao-k'ing, sur le Si-kiang; les défilés de Ts'ing-yuan sur le Pei-kiang, à proximité de la voie ferrée de Chao-tcheou (viâ Han-k'eou); la montagne sainte de Heng-chan; les mines de Ngan-yuan; Soua-t'eou, en pays hok-lo; A-moi, port de la vieille cité de Ts'iuan-tcheou; Fou-tcheou, et ses pèlerinages bouddhiques de Kou-chan et de Young-fou; Wencheou, au pays des orangers; T'ai-tcheou, et les temples de T'ien-t'ai; Ning-po et les pagodes de T'ien-tong; l'île de P'ou-t'o et ses célèbres pagodes bouddhiques; Hang-tcheou, la Quinsay de Marco Polo, avec les temples du Si-hou; enfin, Changhai, au débouché du fleuve Bleu, le grand port de la Chine et le plus important centre commercial et industriel.

Tous ces sites invitent l'étranger à prendre contact avec le monde chinois et à étudier davantage ce peuple si particulier, si vieux par son histoire et par sa civilisation.

Passagers ! ne vous embarquez pas sans votre guide de la *Chine du Sud.*

HOTEL MÉTROPOLE

HANOI

120 chambres et 140 lits
dont 10 appartements avec Salon et Salle de Bain

ORCHESTRE SYMPHONIQUE

THÉS - DINERS et SOUPERS DANSANTS

SOCIÉTÉ DES DISTILLERIES DE L'INDOCHINE

Laboratoire dans une des usines de la Société.

HORAIRE DES CHEMINS DE FER

S'assurer toujours s'il y a eu des modifications.

CEYLAN

Colombo à Kandy

Trajet en 3 h. 50 par express; dép. à 7 h. 25, 14 h. 10 et 21 h.; en plus de 5 h. par omnibus, à 9 h. 10, 17 h. 50; — le dim., expr. à 7 h. 25.

Kandy à Colombo

Trajet en 3 h. 20 par express, dép. 3 h. 25, 7 h. 05, 13 h. 50, 15 h. 32; par omnibus, à 3 h. 05; — le dim., expr. à 15 h. 32.

MALAISIE

Singapore à Johore

Trajet en 59 m.; dép. de Tank Road à 7 h. 28, 8.42, 9.39, 10.39, 11.39, 12.39, 13.39, 14.39, 15.39, 16.25, 17.27, 20 h.

Johore à Singapore

Dép. à 6 h. 47, 7.40, 8.55, 9.55, 10.55, 11.55, 12.55, 13.55, 14.55, 15.55, 16.55, 17 h. 45.

Singapore à Pinang

$ c.	milles						
»	»	Singapore	7.28	20.00			
1.14	16	Johore	8.24	20.51			
8.97	137	Gemas	13.56	1.38			
10.97	170	Tampin	15.33	»			
15.72	246	Kuala Lumpur a..	19.20	6.45			
		Kuala Lumpur d .	20.00	8.00			
23.84	376	Ipoh	1.08	13.00			
27.15	429	T'ai-p'ing	3.39	15.24	7.35	9.55	1.39
30.47	482	Bukit Mertajam	5.48	17.29	10.11	12.42	16.21
»	489	Prai a	6.02	17.43	10.28	12.59	16.40
		Prai d	6.17	17.57	10.43	13.09	16.55
31.06	»	Pinang	6.43	18.23	11.09	13.35	17.21

Pinang à Singapore

$ c.	milles						
»	»	Pinang	8.00	19.30	6.20	11.35	16.40
»	»	Prai a	8.26	19.56	6.46	12.01	17.06
		d	8.43	20.10	7.05	12.16	17.18
0.66	7	Bukit Mertajam.....	8.57	20.24	7.28	12.37	17.37
3.97	60	T'ai-p'ing...........	9.38	22.23	10.15	15.26	20.07
7.29	113	Ipoh	13.13	0.56			
15.41	243	Kuala Lumpur a..	18.22	6.25			
		d .	20.30	7.05			
20.16	319	Tampin	23.42	10.41			
22.16	352	Gemas	1.10	12.25			
29.72	473	Johore	6.47	17.45			
31.06	489	Singapore	7.41	18.43			

SIAM

LIGNE DU SIAM

Pinang à Bangkok

Dép. à 8 h. 50 le vendredi, à 7 h. 15 le lundi; arrivée à Bangkok le surlendemain matin à 7 h. Wagon-restaurant et wagon-lits.

Bangkok à Pinang

Dép. à 7 h. le mercredi et le dimanche; arr. à Pinang le surlendemain matin
à 6 h. 45. Wagon-restaurant et wagon-lits.

HORAIRE DES AUTOCARS

INDOCHINE

Sài-gon à Angkor, par Phnom-penh

550 k., prix env. 35 $. Service direct trihebdomadaire par autocars de luxe,
à marche rapide, pouvant transporter 12 voyageurs et quelques bagages.
Trajet dans la même journée. *Compagnie des Transports et Messag. automobiles
du Cambodge.*

Sài-gon à Phnom-penh

235 k., prix 17 $ 55. Service quotidien, dép. à 5 h. 30; arrêt à Sval-rieng ;
arrivée à Phnom-penh à 12 h. 30.

Phnom-penh à Angkor

315 k., prix 17 \$ 32. Service trihebdomadaire; dép. à 6 h. 30; passage à Prek-dam (bac) à 7 h. 37; à Skun, 8 h. 45; à Barai, 9 h. 46; à Kg.-Thom, de 10 h. 55 à 12; à Kg.-Kedei, 14 h. 08; arr. à Siemreap, 15 h. 45.

Phnom-penh à Bokkor et à Ream

A Kampot 148 k., prix 8 \$ 14; à Bokkor 189 k., prix 10 \$ 39; à Ream 239 k., prix 13 \$ 14.

Service trihebdomadaire. Dép. à 7 h. 15; passage à Ang-tasom 9 h. 14; à Kus, 9 h. 36; à Kâmpot, de 11 h. 15 à 14 h.; arr. à Bokkor, 16 h. 15. De Kâmpot direct pour Ream, dép. à 12 h., arr. à 15 h.

Nha-trang à Tourane

553 k., service quotidien par autocars.

Horaire	Prix	Kil.		Kil.	Prix	Horaire
	\$ c.				\$ c.	
18.00	18.48	231	↑ Nha-trang (H)	»	»	6.00
15.30	15.84	198	Ninh-hoa	33	1.65	7.30
13.30	10.16	127	Phu-khê	104	5.20	9.50
12.30	8.88	111	d ⎱ Tui-hoa (H) ⎰ a	120	6.00	11.30
11.30			a ⎰ ⎱ d			12.30
8.15	4.75	59	Sông-Câu	172	8.60	15.30
6.00	»	»	d ⎱ Qui-nho'n ⎰ a	231	11.55	18.00
			(H)			
18.30	25.76	322	a ⎱ ⎰ d	»	»	6.00
17.50	24.16	302	Binh-dinh................	20	1.00	6.40
15.30	18.96	237	Bông-so'n................	85	4.25	9.00
15.00	17.68	221	Tam-quan	101	5.05	9.30
14.40	16.72	209	Sa-huynh	113	5.65	10.10
12.45	11.92	149	d ⎱ Quang-ngai ⎰ a	173	8.65	11.45
11.45			a ⎰ (H) ⎱ d			12.45
9.20	6.96	87	Tam-ki................	235	11.75	15.10
7.20	2.56	32	Faifo................	290	14.50	17.10
7.00	1.76	22	Quang-nam	300	15.50	17.30
6.00	»	»	Tourane (H)	322	16.10	18.30

(H) Hôtel ou Hôtellerie.

L'expérience de chacun doit profiter à tous :

La Direction serait très reconnaissante aux lecteurs qui voudraient bien envoyer des renseignements touristiques pouvant améliorer l'ouvrage, lui donner plus d'attrait et le rendre plus utile.

Adresser la correspondance à M. le Directeur des *Guides Madrolle*, Librairie HACHETTE, 79, boulevard Saint-Germain Paris.

Pour être détaché.

MM. les touristes et résidants sont invités à collaborer aux éditions successives des Guides en communiquant leurs impressions de voyage, en donnant leurs appréciations sur les hôtels et bungalows, sur les moyens de transport, sur les routes, en signalant les sites et les itinéraires nouvellement aménagés.

Signature et adresse